イタリアワイン㊙ファイル
日本人が飲むべき100本

ファブリツィオ・グラッセッリ

文春新書

944

この本を、次の人たちに捧げたいと思います。
Per「A」
Aに。
私の最初のワインの「先生」である、父・ブルーノに。
生きることを、そしてすべての、この世の美しいもの——芸術、音楽、
そして食と、
それからもちろん、美味しいワインを愛する人たちに。
また、この本を読んで下さった皆さんと、私の授業やセミナーに、参
加して下さっている皆さん、そして長年私と付きあってくれている、
全ての日本の友人たちに。

イタリアワイン㊙ファイル　日本人が飲むべき100本●目次

プロローグ　ワインとは「愛」であり「友情」である　9

第1章　かつてワインは「親父の味」だった

昔は「生もの」だったワイン　14
「おふくろの味」ならぬ「親父の味」としてのワイン　19
月の満ち欠けとワインの、不思議な関係(?)　23
イタリア人の中に刻まれた文化的なDNA　25
庶民の酒場「オステリア」　29
カーサ・デル・ポポロ　35
「イタリアワイン」の発見　37
ファブリツィオのワイン日記①　40
「ワイン造り」という崇高な仕事　48

第2章　イタリアの「ぶどうの貴族」たち

高貴な「霧のぶどう」ネッビオーロ　54
ファブリツィオのワイン日記②　59
「田園の貴族」サンジョヴェーゼ一族　61
南イタリアの「いにしえの貴族」たち　65
ファブリツィオのワイン日記③　69

見直される伝統文化の香り　73
「有名な」ワインより「個性的な」ワインを　77
ファブリツィオのワイン日記④　80

第3章　ワインと郷土料理は「兄弟」として生まれて来た

かつての庶民の食卓　84
ファブリツィオのワイン日記⑤　90
かつて「メニュー」というものは存在しなかった　94
ファブリツィオのワイン日記⑥　99

第4章　ワインの「グローバル化」と巨大金融資本の暗躍

「グローバルな飲み物」になったワイン　104
ファブリツィオのワイン日記⑦　109
イタリアワイン「暗黒の時代」　112
イタリアワインの「ルネサンス」　117
ワインの「グローバル化」は全くネガティブな現象か？　122
では「グローバル化」は全面的にポジティブな現象か？　125
ワインと「巨大金融グループ」との関係　129
小さなワイン生産業者の苦闘　132

第5章　イタリアワインの新しい波

「時代を映す鏡」としてのワイン　140
ファブリツィオのワイン日記⑧　142
バリックの流行と「ワイン愛好家」の悲喜劇　144
新しいタイプと「伝統的なもの」、どっちが本当のバローロ？　146
若者のワイン・女性のワイン　149
スーパー・タスカン？　それとも量り売りワイン？　152
流行する「有機ワイン」の実情　158

第6章　日本人のイタリアワイン選びは間違いだらけ！

まるで「羊の群れ」のように操られる日本の消費者　164
店員のレベルの低さと、買う側の「権威主義」　165
メディアがもてはやすワインの「裏側」で　169
ワインセミナー？　ノー・グラツィエ！　172
こんなソムリエはいらない！　177
「ワイン情報」を集めるより、一本でも多くのワインを！　182

第7章　どこで買う？　どう保存する？　どうやって飲む？

ファブリツィオのワイン日記⑨　190
どんな店で買う？　どう保管する？　192
意外に大事な「ワインの栓」の問題　200
ファブリツィオのワイン日記⑩　205
現地でイタリアワインを買う　208
醸造所を訪ね、生産者と会ってワインを味わう楽しみ　210

第8章　「イタリアワインの深い森」の歩き方

ファブリツィオのワイン日記⑪　219
ワインの「呼称」のジャングルで　221
「初めまして。私はバルバレスコです」　225
「D.O.C.」とはそもそも何を意味するのか？　229
あなたの「運命のワイン」との出会い方　232
ファブリツィオのワイン日記⑫　239

エピローグ　ファブリツィオのワイン日記・日本の皆さんへ　245

日本人が飲むべきイタリアワイン１００　249

イタリアMAP

トレンティーノ＝アルト・アディジェ
ヴァッレ・ダオスタ
フリウリ＝ヴェネツィア ジュリア
ヴェネト
ロンバルディア
ピエモンテ
エミリア＝ロマーニャ
リグーリア
トスカーナ
マルケ
ウンブリア
ラツィオ
アブルッツォ
モリーゼ
カンパーニア
プーリア
バジリカータ
サルデーニャ
カラーブリア
シチリア

プロローグ　ワインとは「愛」であり「友情」である

「世の女性たちに、万歳！　良きワインに、万歳！　人間の栄光のために！」

——オペラ「ドン・ジョヴァンニ」より（モーツァルト作曲、ダ・ポンテ作詞）

人類が築き上げてきたすべての古代文明は、陶酔の愉悦のため、また、宗教儀礼のために、アルコール飲料の文化を育んできました。その中には、ビールをはじめ、穀物から作られた、様々な種類の酒があります。しかし、そうして出来た飲み物の中でも、ワインは、世界の様々な、異なる文化や人種を魅了してきたという点で、特別なものであると思います。

ワインは、単なるアルコール飲料の一種ではないと、私は思っています。それは、地中海に臨む古い文明世界、古代ギリシャと古代ローマ文明が交わるところから生み出された、ひとつの素晴らしい文化の賜物です。そして、古代ローマ文明が今日に残した多くの遺産の中でも、とくに重要な物のひとつに「ワイン」を位置づけることは、決して無理なことではないと思います。

ですから、たとえワインの歴史が、今から九千年から一万年前の、小アジア（今のトルコの大部分）、またはコーカサス地方にまでさかのぼれるとしても、ワインが大きな進化を遂げて、人々の日常的な飲み物となったのは、古代ローマ帝国においてだったということは間違いないでしょう。

この時代、現在のものにほぼ近いぶどうの栽培法と、ワイン造りの技術が、初めはイタリア半島で完成し、その後ガリア地方へ、ヒスパニア地方へ、そしてローマ帝国の属州全土へと、広く普及して行ったのです。

そして、今日ワインを生産している多くの国々の中でも、イタリアは確実に、特別な地位を占めています。なぜなら現在に至るまで約三千年の間、一度も途切れることなくワインが造り続けられて来たのは、おそらく、イタリアの地だけだからです。

イタリア以外の古いワイン産地、たとえばスペインや、ギリシャ、トルコ、中東や、その他のユーラシア大陸のほとんどの土地では、戦争や、イスラム教の普及のために、ワイン造りと消費が、何百年もの間に渡って中断したり、あるいは、現在に至るまで途絶えてしまいました（なぜならイスラム教では飲酒が戒律で禁じられているからです）。ところがイタリア半島ではそうしたことがありませんでした。

おそらくこれが、現在のイタリアに、世界中のあらゆる国の中でも、圧倒的に多くのぶどうの品種が存在し、イタリアが、世界の中でも突出して、多様なキャラクターのワインを造っていることの理由でしょう。そしてこの「多様性」が、イタリアワインの魅力のひとつでもあります。

また、今イタリアでは、南の果てのパンテッレリア島から、北はアルプス山中の、ヴァッレ・ダオスタや、ロンバルディアのヴァルテッリーナ地方、トレンティーノに至るまで、国中の、すべての州でぶどうが栽培され、ワインが造られています。

これこそ、イタリアワインが、古代ローマ文明の直接的な遺産そのものであり、イタリアが世界で最も長い「ワインの伝統」を有する国であるということの、確かな証拠です。

ただし、この本を買ったあなたがイタリアワインびいきで、「世界で一番おいしいワイン」としての、イタリアワインの「ガイド本」を読むことを期待しているのなら、残念ながら、がっかりするかもしれません。世界の、どの優れたワイン生産地にも、良いワインと、そうでないワインがあり、別にイタリアだけが、例外的に「美味しいワイン」を多く産しているわけではないからです。

一方で、あなたが、ワインという名の魔法の飲み物の本質が、深いところでイタリアという国の歴史や文化と強くつながっていて、ワインを本当に理解するためには、イタリアワインの文化や伝統について知ることが不可欠である、と考えてこの本を手にされているのであれば、その選択は、全く正しいものだと保証します。

そして本当のことを言えば、この本を読むことのメリットは、もうひとつあります。それは、この本が、いわゆるワインの「エキスパート」――即ちソムリエや、ワインの「ランキング」を載せたガイド本を書くような、評論家によって書かれたものではないということです。

もっとはっきり言えば、この本は、「ワイン業界」の様々なしがらみや利害関係には無縁の、単に、子供時代からワインを飲み始め、イタリアのワイン文化と、伝統と、何よりワインへの深い「愛情」を、家族から受け継いだ人間が書いたものです。だから、多分「ワイン業界」と直接関係のある人には決して書けない、たくさんのことがこの本には詰まっているはずです。

私が皆さんに伝えたいのは、ワインとは何よりも「愛」であり「友情」である、ということです。そして、ゲーテはこう言っています。

「人生とは、つまらないワインを飲むには、あまりに短い！」

ですから、親愛なる読者の皆さん、まずはゆったりと座って、そしてできれば、一杯のおいしいワインを傍らに置いて、ご一緒に、イタリアワインの世界への、しばしの旅に出ようではありませんか！

第1章　かつてワインは「親父の味」だった

昔は「生もの」だったワイン

今から五十年ほど前まで、イタリア人の、ワインとの付き合い方は、今とはずいぶん違っていました。イタリアの長い歴史からみれば、ほんのつかの間といっても良いほどの短い間に、イタリア人のワインの飲み方にも、ワイン自体にも、本当に大きな変化があったのです。

五十数年前……そのころ私はまだほんの幼児でしたが、少しずつワインの味見をさせてもらったりして、既にこの、この世で最もすばらしい液体との、おそらく生涯を通じてになるであろう、お付き合いを始めていました。幼いころのワインにまつわる体験は、まだ、イタリアという国が、牧歌的な雰囲気を残していた時代の記憶と重なって、私という人間の一番根っこの部分に関わる、大切な思い出になっています。これからあなたに、「イタリアワインとは何か」というお話をするにあたって、まずはそのあたりから始めてみましょう。

始めに知っておいてほしいのは、半世紀あまり前まで、ワインというのは、それが造られた土地からよその土地へ、簡単に持ち運べるものではなかった、ということです。交通が不便だった上、今のように品質が揃った商品を瓶詰めして、広く流通させるシステムがありませんでした。

もちろん、特別に高品質で貴重なワインについて言えば、古代ローマ時代よりも以前から、主に船による輸送によって、造られた場所からかなり離れた土地まで運ばれていたものもありました。しかし、それ以外の一般的なワインは、そこの地元の人々によって消費されるために造られていました。

しかも、醸造技術も今とは違っていて、普通のワインは、乗り物に乗せて遠くまで運ぶと、すぐに味が変わってしまうようなものでした。ですから、ほとんどのワインは「若いうち」、つまり造られてから早い時期に飲むタイプのもので、長期保存や熟成に耐えるワインというのは、本当に例外的なものでした。つまり、かつてのワインは、一種の「生もの」だったのです。

これは何を意味するでしょうか？　ごく一部の特別なものを除いて、ほとんどのワインは、その造られた土地で、それを造った地元の人たちによって、一年から、せいぜい二年以内に飲まれていた、ということです。たとえば、トスカーナ地方の、サンジョヴェーゼ種ぶどうを使ったワインは、その産地であるトスカーナだけで飲まれ、北イタリア・ポー川(注1)流域のロンバルディア地方で採れる「ボナルダ」というぶどうから造ったワインは、主にロンバルディア地方と、その近隣の地域限定で飲まれるものだった、という具合です。

今でこそ、どこにいても簡単に（私のように東京に住んでいてさえも！）、イタリア各地の、様々なイタリアワインが手に入ります。でも半世紀ほど前まで、イタリアの普通の庶民が、自分の好みに合った色々なワインをお店で選んで、日常的に飲むということは、ほとんどありませんでした。

もちろん、例外はありました。一部のお金持ちや、貴族階級の人たちの食卓です。そういう家には、四百年、五百年前から、ワインの仕事を専門に受け持つ「カンティニエーレ」や「ボッティリエーレ」(注2)と呼ばれる人たちが仕えていました。まあ、今でいうソムリエに近い仕事、と言ったらいいでしょうか。また、そうした特権階級の人が飲むための特別なワインを造るスペシャリストのような人もいました。それでも、彼ら貴族階級や大金持ちの人々が集めることができたのは、主にその近隣の地方で採れるぶどうから造ったワインでした。今から百五十年余り前のイタリア統一前までは、大体そんな状況が続いていました。

ですから例えばトスカーナ地方の銘酒「ヴィーノ・ノービレ・ディ・モンテプルチアーノ」や、ウンブリア地方の「オルヴィエート」といったワインが、産地から百キロメートルほど離れた所のローマ貴族に飲まれ、ヴェローナの近郊で産する、レチョート・デッラ・ヴァルポリチェッラや、アマローネ・デッラ・ヴァルポリチェッラが、やはり、産地から百二十キロほど離れたヴェネツィアの貴族に飲まれていた、というのは特別な例だったのです。ただ中には、北イタリア・ヴェローナのアマローネが、南イタリアの、ナポリの貴族の食卓に上った、などという記録が残っています。しかしこれは、本当に驚くべき、特殊なケースでした。

昔は、現代のように誰もがひんぱんに旅行に出かけ、他の土地の料理やワインを体験する、ということはありませんでした。(注3)だから普通のイタリア人は、自分が生まれた町か、ごく近くの町で造られたワインだけを一生涯飲んでいて、他の味は知りませんでした。ワインの「本場」のひとつと言っても良いイタリアで、信じられない話、と思う人がいるかもしれませんね。でもこういう状況が、一九七〇年代ぐらいまで、本当に続いていました。

しかし日本でも、冷蔵庫がなかった時代、海でとれた生の魚を、内陸の地域で食べるのは、ごくまれなことだったと聞いています。だから、京都のような内陸の町では、魚を塩漬けにしたり、一度乾燥させたものを、戻して料理に使っていたそうですね。特殊な菌を使って、魚を発酵させた「なれ鮨」などという料理が出来たのも、生の新鮮な魚を保存することが難しかったからなのだと思います。

ワインの場合、もちろん魚や野菜に比べれば多少は保存がきくものなのですが、半世紀ほど前まで、そうした、いわゆる「生もの」に近い扱いを受けていたのです。

その後、ワインを巡る状況が変わって、それまでとは全く違う、大規模な醸造所でワインが造られ、それが世界中で消費されるようになりました。それに対応して、今までのワイン造りにはなかった技術が使われるようになりました。たとえば、発酵中に温度管理を行って、冷却によって発酵を止める技術とか、亜硫酸塩という添加物（既に数世代にわたって使われ続けているものです）を微量加えることによって、品質保持を簡単にする方法などです。ただ残念なことに、安全性と品質の保持に関して既に保証されている亜硫酸塩以外の化学薬品や防腐剤を加えたり、砂糖や醸造用アルコールを加えたり、といった「余計なことをする」業者もあるのが、現実です。そうした「余計なこと」をされて造られたワインは、既にワインではなく、飲みたくもない、ひどい「アルコール飲料」になってしまっています。そんなものを飲むくらいなら、おいしいビールや、それとも水でも飲んでいた方がましなくらいです。

ちょっと話がそれました。話題を、元にもどしましょう。私の子供の頃の思い出で、今でも良く覚えていることがあります。五十年ほど前、私の父は仕事でピエモンテ州やヴェネト州に出かけたとき、五十リットル入りの大びんに、現地のお百姓さんの家で手に入れたワインを入れて車で持ち帰り、家で普通のびんに移し替えて飲む、ということをよくしていました。なぜなら、そうした大びんの方が、小さなびんよりも味が変わりにくかったからです。それでも、家に帰っていざ飲んでみると、ワインはしばしば味が変わってしまっていました。亜硫酸塩を加えていないワイン（醸造の過程で自然発生する亜硫酸塩もあったのですが）は、車に乗せて、たった半日ほど持ち運んだだけで、簡単に、風味が変わるようなものだったのです。「こんなにまずいワインじゃなかったんだ」と言って、がっかりしていた父の顔を思い出します。

「おふくろの味」ならぬ「親父の味」としてのワイン

今では、トスカーナのワインを東京のお店で買って飲むなどというのは、当たり前のことになっています。でも、ワインがまだ「生もの」のように扱われていたころ、それは、まぎれもない「その土地ならではの味」であり、「郷土料理」と同じようなものでした。たとえば、ヴェネツィアを中心としたヴェネト地方でいえば、干鱈のペーストを乗せたポレンタや「ブロデット」と呼ばれる魚のスープなどのように、その土地の食文化をベースとして生まれて来たものだったのです。今は日本のスーパーの棚にも並んでいるバルドリーノや、世界で最も親しまれている発泡ワインの一つになった「プロセッコ」も、少し前まではヴェネトの「郷土の味」を代表するものでした。

こんな風に、ワインというのは今よりずっとローカル色が強くて、その土地の、自然環境、気候風土や庶民の生活文化と、切り離しては考えられないものだったのです。

今から考えればちょっと信じられないかもしれませんが、かつて、大多数のイタリア人は、自分が普段飲んでいるワイン以外のワインのことは、ほとんど何も知らなかった、と言っても良いでしょう。これはドイツ人とビール、日本人と日本酒の関係についても、同じようなものだったと思います。

今はイタリアでも、国中から集められたワインを、普通のスーパーマーケットやワイン専門店などで買うことができます。その上、一九七〇年代に、ワインガイドというものが生まれ、それが時代と共にどんどん広まって、現在は、ワインに関するいろいろな専門書、雑誌などを多くの人が読むようになりました（多分、ちょっと過熱しすぎなぐらいに……）。

その結果、どうなったでしょう。かつては皆が、ごく少数のワインのことを、よく知っていました。それに対して今では、誰もがたくさんのワインのことを知っています。ただし、その知識はごく表面的なもので、メディアを通じて流される「情報」や「流行」の範囲に留まった、底の浅いものになってしまいました。

ここで、もうひとつ押さえておきたいことがあります。それは、半世紀ほど前まで大半のワインは、プロの醸造技術者ではない、普通のお百姓さんによって、主に「身内が飲むために」造られていたということです。第二次世界大戦前後まで、イタリアでは農業が最も重要な産業のひとつでした。そして国民の大半は農民か、農村地帯に住む人でした。そんな時代、イタリアでワインというのは、お店で「買ってくる」ものではなくて、主に「自分の家で造るもの」だったのです。本当の意味での「ハウスワイン」ですね。家庭で毎日食べるサラダは、本来、出来合いを買ってくるものではなく、自分の台所で作るものでしょう？　ワインも、それとほとんど同じようなものだったわけです。

大きな都市に住んで農業をしていない人や、自分の土地を持たない小作農家の人はまたちょっと別なのですが、土地がある農家では、自分でぶどう畑も持っているのが普通でした。そして自前の畑で採れたぶどうで、それぞれ「家庭の味」としてワインが造られていました。当然その家によって味にも差があります。ビアンキさんのところの奥さんは、パスタ作りの名人だけれど、ロッシさんの奥さんは料理が苦手、なんていうことがあるのと同じです。家庭料理が「おふくろの味」だとすれば、ワインは「親父の味」だったと言えるかもしれません。

そんなわけですから、先ほどもお話ししたように、かつてイタリア人にとってワインというものはぜいたく品ではなかったし、ましてや「通」を気取って趣味として楽しむものではありませんでした。言ってみれば、毎日の「食べ物」のひとつみたいな存在でした。テーブルを豊かにしてくれる、おしゃれな飲み物などではなくて、農村の貧しい食卓で、日本流にいえば、なくてはならない「おかず」のひとつのような感じだったのです。だから、仕事を終えて家に帰ってから、ワインの一杯も飲めないというのは、昔の農家の人々にとっては、非常に悲しいことだったと思います。ましてや都市に住んで、農業以外の仕事で暮らしを立て、安ワインを「買って」飲んでいた人にとっては、ワインの一杯も夕食の食卓にのせられないというのは、まさに悲劇以外の何物でもなかったのです。

また、ワインは民間療法の「薬」としても使われました。風邪をひいたとき、人々は温めた赤ワインを飲んでいましたし、様々なハーブやスパイスを溶かしたワインのレシピが、薬効を持つものとして、古くから伝わっていました。寒い冬の朝、お百姓さんが早起きして畑に出る前、体を温めるためにワインを飲む、という習慣もありました。

そんな風に自家製のワインが一般的で、日々の生活に密着していた時代、ほとんどの農家の人にとってワインは、売り物ではありませんでした。一般の家で造られた大半のワインは、その家族や親戚、せいぜい友人や知り合いの間で消費されていたのです。

一方、広大な畑を持っている貴族や大地主の中には、売り物のワインを造っている人たちもいました。でもそんな家でも、ワインは、大切な客人にプレゼントしたり、外交上の贈り物にしたりする場合が多いものでした。

ただし、これは強調しておきたいのですが、その時代のイタリアに、質の良いワインがなかった、というわけではありません。イタリアの農村には、何世紀もの間、代々伝えられてきたワイン造りの伝統的な知識や技術というものがありました。そうした伝統に支えられた「おらが村のワイン造りの名人」が、昔はどこにもいたわけです。まあ、そうした伝統的な「知恵」の中には、現代のワイン造りの最新技術からすれば、「間違い」と言われてしまうようなものも、しばしばあったのですけれど。

月の満ち欠けとワインの、不思議な関係（？）

ワインとぶどう作りについての民間知識には、良い土の作り方、ぶどうの木の育て方や収穫時期の見極め方、発酵のさせ方、仕込みに使う道具や樽の作り方など、実に多様なものがありました。そんな中には、ちょっとマジカルな、面白い「言い伝え」みたいなものも混ざっていました。たとえば、ワイン造りと、月の満ち欠けの関係です。

私の家は農業で生計を立てていたわけではないのですが、父が当時としては珍しい「ワインマニア」で、趣味でお百姓さんから畑を借りて、自分でぶどうを栽培し、ワインを造っていました。ですから、お百姓さんの知り合いがたくさんいました。私が子供のころ、そうした父の知り合いに、かつてロンバルディアの代表的な赤ワインのひとつだった「ボナルダ」という品種のぶどうを作る、名人と言われたおじさんがいました。その人から、こんな話を聞かされたことがあります。

「ボナルダというのはなあ、坊や、新月から、月が満ちて行く期間に瓶詰めをしてはいけないんだ。絶対に、満月の夜がやってくるまで待たなくてはならん。満月を過ぎて、月がだんだん欠けて行くころに瓶詰めすると、味が良く、澄んだ美しい色のワインになるんだよ。覚えておきなさい」

確かに、月の満ち欠けが地球上の様々な生き物に影響を及ぼしているらしいとか、言われることがあります。ワインだって、もともとは酵母菌を使って発酵させたものですから、一種の生き物と言って良いのかもしれません。でも、あのおじさんの言っていたことに、ある程度、正しいことが含まれていたのか、それとも単なる迷信だったのか、正直言って、今でもわかりません。

ワイン造りに限らず、農業に関することには、色々な民間伝承があります。そうしたもののほとんどは、科学的に裏付けられていない一方、完全に否定されたわけでもなかったりします。子供のころは、そうした話をしてくれるおじさんに対して「えーっ、そんなのウソだあ！」とか、生意気なことを言っていた記憶があります。でも、本当かどうかは別として、今考えると、こういった話はどこか神秘的で、ロマンティックな感じがして、素敵なものに思えるのです。

いずれにしても、そうした民間伝承みたいなものも含めて、イタリアの農村には、ワイン造りの、奥深い文化がありました。そして、イタリアでは都市もまた、周辺に広がる農村部と、とても強いつながりを持つものでした。

イタリアへ行ったことがある方なら、都市の旧市街地を取り巻く古い城壁の門を、一歩外に出ただけで、そこにすぐ農村地帯が広がっているのに、気付かれたかもしれません。たとえばフィレンツェやシエナなどの有名な観光地だって、一歩城壁の外に出れば、オリーブやぶどうの畑が広がる風景が、目に飛び込んできます。巨大都市になった現在のミラノでさえ、南東の方向、クレモーナに向かって車を走らせれば、ほんの十分か十五分で、見渡す限りの広大な麦畑や、トウモロコシの畑が広がっているのが見られるはずです（もっとも、ここ二十年ほどの間に、そうした田園風景の中にも、ショッピングセンターや工場が建ち始めているのですが）。

こうした環境の中で、イタリアに住む人の生活は、四季の移り変わりに合わせた、農作業のスケジュールをベースとして営まれてきました。中でも特に重要だったのが、小麦の栽培と、オリーブ栽培、そしてぶどうの栽培です。何百年、いや、何千年という長い長い間、この自然が司るリズムに合わせて、イタリアの人々は生活してきました。「ぶどう作りとワイン」は、イタリアの生活と文化の基礎となる、とても大切なものだったのです。それはちょうど、日本人にとって「田んぼとお米作り」が、とても大切な、生活文化の基礎になってきたのと同じかもしれません。

イタリア人の中に刻まれた文化的なＤＮＡ

そんなイタリアも、第二次世界大戦後は都市化が進んで、特に一九七〇年代以降は、お百姓さんの数も、昔とは比べ物にならないくらい、少なくなりました。人々の生活パターンもずいぶん変わってきました。でも、私が子供だったころ、ワイン造りと人々の生活は、今以上に密着した、切っても切れない関係にありました。少なくとも、農村や小都市では、そうでした。私の祖父も、自分の家族のためにワインを造っていました。また、先ほどお話ししたように、私の父もミラノの北方、湖水地方(注4)に近いところで、知り合いのお百姓さんからぶどう畑を借りて、メルロ種のぶどうを栽培し、趣味のワイン造りをしていました。

私は、基本的にはミラノという都会で育った人間ですけれど、幸運にもそうした周りの環境から、子供のころ、何度かぶどうの収穫に参加させてもらったことがあります。なにしろまだ子供でしたから、参加したというより、大人たちが大騒ぎしているものすごい喧騒の中に身を置いて、ただ一緒に興奮していただけなんですけれど。

いずれにしても収穫が近づくと、ぶどうの圧搾機や醸造用の大樽などを修理したり、色々な作業をしなければなりません。そういう細々した作業を進めていく中で、みんなの気持ちは、少しずつ盛り上がって行きます。そして、さあ一気に収穫、という日になると、すべてが爆発するのです。

畑でせっせとぶどうを摘む人。それを背負い籠に入れて運んでから、牡牛が引く荷車の上にあける人(もちろん今は、荷車ではなくトラクターに代わっていますが)。それを圧搾機で搾る人、果汁を大樽に注ぎ入れる人。呼び交わす大きな声。慌ただしい足音と、激しい息づかい。そして搾りたてのぶどうの汁の、あの何とも言えない甘い香り……。みんなが何かに憑かれたようになって、熱狂と混乱の中で、不思議な、魔法にかけられたような時間が流れるのです。

ローマのファルネーゼ宮には、アンニバレ・カラッチが描いたフレスコ画『バッカスとアリアドネの凱旋』(注5)があります。ぶどうの収穫を寓意的に描いた物なのですが、あの絵に象徴されるような陶酔と熱狂の世界を、まさしく私は体験したのです。

収穫とは、確かにある種のお祭りです。ただ、そんな興奮状態の中にあっても、それは一面では、すごく「真剣な」お祭り騒ぎでした。なぜなら、作業に何か間違いがあったりしたら、それまでの一年間さんざん苦労して来た農作業が、全部駄目になってしまうのです。だから、張り詰めた緊張感と、うきうきする高揚感が同時に存在する、一種独特の雰囲気があったのでしょう。

しかし、今日のぶどうの収穫の雰囲気は、全く違うものに変わってしまいました。今では専門の企業がぶどうを収穫し（または買い取って）、それをワインにするシステムが出来上がっています。仕事の全てが高度に組織化され、また、かなりの部分が機械化されました。そして、作業をする人の少なくとも半分以上は、海外からの出稼ぎ労働者になりました。そして出来上がるワインの多くが、言ってみれば、工場で作られた製品のようになってしまいました。

ワイン造りは、グローバル経済の中のひとつの現象になりました。そして、大きな生産者にとっては、生産計画と、プロモーションと、営業が、重要なファクターになりました。また、特に上質なワインを生産する、良心的で小さな生産者たちにとっても、彼らのワインが世界のマーケットの中で、しかるべき位置を保ち続けるためには、大きな投資をしなければならない時代になったのです。

いずれにしても、昔は、収穫の時が来ると、お百姓さんたちの生活のリズムと雰囲気は、大きく変わりました。それはきつい労働でもありましたが、同時に一種の「祭り」でもありました。ですから収穫の時期には、ぶどうの搾り汁＝モストを使った、特別な料理やお菓子が作られていました。そうした、ぶどうの収穫時期にだけ食べさせてもらった「特別の味」の中に、ブディーノ・ディ・ウーヴァ（ぶどうのプディング）というものがあります。その土地によってレシピは若干違いますが、基本は、ワインを造るとき搾った果汁に、小麦粉と砂糖を混ぜて焼いたお菓子です。うちでは、私のおばあさんがよく焼いてくれました。あの、お祭り騒ぎの高揚した気分と一緒になって、今も忘れられない思い出の味になっています。振り返れば、あのぶどうの収穫の独特な空気は、一種の不思議な「小宇宙」のようでした。

でも、最近はイタリアのぶどうの収穫風景も、だいぶ変わってきているようです。大多数のイタリア人の生活も、そうした畑仕事や収穫の喜びとは、遠く切り離されたものになってしまいました。

でも、つい数十年前まで、ワインとワイン造りが、多くのイタリア人にとって重要な生活の一部だった時代が、確実に存在していたのです。あのころイタリア人の生活は、自然と大地の恵みと、共に汗を流して働くことによって生まれる「家族の絆」に、しっかりと結びついていました。それは私たちの体の中に刻みつけられた、文化的なＤＮＡ、と言って良いものだったと思います。そして今もイタリアのワインを口にするたび、私の心はいつもそこへ戻って行くのです。

庶民の酒場「オステリア」

何十年か前まで、ほとんどの農家で自家製ワインを造っていたことは既にお話ししました。でも、すべてのお百姓さんが自分のぶどう畑を持っていたわけではありません。自分で土地を持たない小作農の人がいましたし、都市に住みながら、大きな農家に雇われて働いている労働者の人もいました。そういう家では、自家製ワインを造ることができません。また、都市に住んで農業以外の職業に就いている労働者たちも、普通は自家製ワインを造れません。そういう人々は「オステリア」という、一種の大衆酒場でワインを飲んでいました。

今でもイタリアには、「オステリア」という名前で営業している飲食店がありますが、その多くが、「伝統的な」オステリアとはかなり違ったものになっています。ですから、ここでお話しするのは、かつて私が小さい子供のころまで都市部にもあった、本物の大衆酒場としてのオステリア、「伝統的な」オステリアのことだというのを覚えておいて下さい。

それよりさらに以前、オステリアには「安宿」としての機能もあったのですが、私が物心ついたころには、少なくとも都会のオステリアはそうした機能を失って、単なる大衆酒場になっていました。

そうした伝統的なオステリアではどんなワインを出していたでしょう。先ほどもお話しした通り、かつてはイタリア人の大半が、自分が生まれた地域で採れたぶどうから造られた、いわば「地酒」的なワインを飲んでいました。ただ、大都市に限って言えば、一九〇〇年代の前半でも、かなり遠くの地域で造られたワインが消費されていました。たとえば、南イタリアの、プーリア州のワインが、ミラノで飲まれたり、ということもありました。また、そうした南部から来たアルコール度数の強いワインが、しばしば北イタリア産の、度数の低いタイプのワインに混ぜられて飲まれることもありました。

店の中の様子は、どうなっていたでしょう。普通のオステリアは、入り口に大きな木製のカウンターがありました。ミラノの私の家の近くにあった店の場合、カウンターで立ち飲みする人はいなくて、ここはワインの「量り売り」専用のスペースでした。そして奥には簡単なテーブル席が並んでいて、そこに座ってワインを飲んだり、温かい食事をしたりできるようになっていました。出される料理は、トリッパ（牛の胃袋）の煮込みとか、豆のスープとか、素朴なものが中心です。最近は、小洒落た内装の「オステリア」が多くなりましたが、かつての伝統的なオステリアは、窓もあまりなくて、薄暗い、ちょっと穴倉みたいな雰囲気のところが多かったように思います。

そして伝統的なオステリアは、労働者たちの、そして男のためだけの場所でした。仕事帰りの、あるいは夕食を終えて家を出てきた男たちは、ぶらりと近所のオステリアに立ち寄って、顔なじみの友達とワインを飲んだり、世間話をしたり、カードゲームをしたりして時間をつぶしました。ちなみに、かつての夕食はとても早い時間にとるのが普通でした。夏には夜九時近くまで薄明るい北イタリアでは、夕食後に散歩を楽しむ習慣もありました。つまり、オステリアはそうした時間帯の、男たちの社交場の役割も果たしていたのです。

オステリアの主人の中には、ワインに水を混ぜて量をごまかすような、小ずるいことをするタイプの人もしばしばいました。それでも男たちは、自分が住んでいる地区の、仲間が集まる「行きつけの店」に寄るものと決まっていて、彼らの頭の中には、それ以外の選択肢がありませんでした。そんなわけで、昔のオステリアには、何となく猥雑でいかがわしい、独特の雰囲気がありました。

では、酒場で仲間と一杯、ということをしない一般の女の人や子供はどうしていたか。家での毎日の食卓にも、そして時には料理にも、ワインは欠かせません。実は家で飲むワインも、オステリアのワインと同じものでした。オステリアには、店内で飲み食いする「飲食店」としての機能の他に、ワインを小売りする「酒屋」としての機能があったのです。

昔、オステリアで売っていたワインは、今のように最初からボトルに詰められたものではなく、（私が子供のころの家の近くにあったオステリアのように）いわゆる「量り売り」が普通でした。ワインを買いに行く人は、「ボッティリオーネ」という、フラスコ型の大きなガラスびんを持参して、カウンターで、自分がほしい分だけ注文します。ボッティリオーネは、二リットルか、二・五リットル入りぐらいの大きさが普通でした。オステリアの主人は、店に置いてある樽入りのワインを、漏斗を使って、ボッティリオーネの中に注いでくれます。そしてお客は入れてもらった分のお金を払い、ヨイショ、ヨイショと家まで持って帰るのです。

私が子供のころ目にしたオステリアのカウンターは、小さな子供にはものすごく大きく見えて、何か圧倒されるような重量感がありました。また、ワインをいっぱいに詰めたボッティリオーネは、子供にはやっぱり重くて、大変でした。でも、人一倍好奇心が旺盛だった当時の私にとって、オステリアへお使いに行くのは興味津々の体験でもありました。

オステリアに行くと、昼間でも薄暗い店の片隅でワインのグラスを片手に座っている、得体の知れないおじさんがいたりしました。そろそろ仕事帰りの人が集まるころに行くと、店の中には紫色のタバコの煙が漂って、あちこちで大声で笑ったり、言い争ったりする男たちの声が響いています。そんな光景を前にしていると、何か大人たちの秘密の世界を覗いているような気がして、ドキドキしたものです。今思い返してみてもその光景は、まるでカラヴァッジオの絵の中の世界のようでした。ミステリアスで、何か不思議な、魔法の国のようなその光景は、まだ小さかった私にとって、一種の畏怖を感じさせると同時に、心を引き付けてやまないものだったのです。

どのオステリアも、ワインを貯蔵しておく酒倉を備えていました。大抵は半地下のような所にあって、小さな窓が付いていたものの、中は暗く、左右には大小の樽が二列に並んで、薄暗い電球に照らされていました。床は砂まじりの土で、空気は湿っていました。一角にはワインボトルの棚があって、少し高価なワインのびんが並んでいました。

今、イタリアに行くと、石造りの地下室を利用したアンティークでシックな感じのレストランがよくあります。それらは、こうした昔のオステリアの、カンティーナ（ワイン倉）を改装したものが多いのです。

かつてのオステリアは、粗野でちょっといかがわしい雰囲気のところだったので、私の母などは絶対に行きたがりませんでした。私自身も、昼間にお使いに行くとき以外は、一人で行ってはいけないと言われていました。でも、夕食が終わってから、父に散歩に連れて行ってもらったついでに、どうしてもとせがんで、オステリアを覗きに行くのが、実は私の楽しみでした。

こうした本格的なオステリアの他、昔は街角にちょっとしたスタンドのような店を構えて、客にワインを立ち飲みさせるかたわら、量り売りをするようなところもありました。この手の伝統的なオステリアが、その役割を終え、消えて行く決定的なきっかけとなったのは、意外かもしれませんが、テレビだったような気がします。少なくとも、私が住んでいた町内にあった二軒の伝統的オステリアが店を閉めるもとになったのは、テレビでした。

それは私が四つか五つでしたから、一九五九年か六〇年ごろのことだったと思います。例のオステリアのうちの一軒に、テレビが入りました。まだミラノでもテレビというものが珍しい時代でしたから、オステリアのテレビは、たちまち町内の話題を独占しました。テレビをぜひ見てみたい、家族にも見せてやりたいという人が多く、男たちだけの場所だったオステリアに、奥さん連中や子供も押しかけて来るようになったのです。毎晩、何十人という人がテレビの前に集まって、それはまるで、小さな映画館のようでした。チャンネルは国営放送ひとつだけ。

子供や女性が集まれば、「うちに置いてあるのは赤、白、グラッパだけだ。他のものが飲みたけりゃ、よそへ行っとくれ」というわけにはいきません。店は女の人向けに甘いリキュールを置くことを始め、次に子供のためにジェラートが出るようになりました。店の親父にしてみれば、儲かるし、サービスのつもりだったのかもしれませんが、これでは従来の「男の溜まり場」としての役割は、完全に失われてしまいます。大酒のみの常連にしてみれば、隣にジェラートをなめている子供がいては、良い気分も醒める、というところだったのでしょう。今まで通いつめていた、左官屋さんや靴職人さんなどの常連客は、やがて店から離れて行きました。そして、各家庭にテレビが入ったころ、オステリアのうちの一軒は、現代風の「バール」(注6)に姿を変え、もう一軒は、店を閉めざるを得ませんでした。

こうしたことは、イタリアのあちこちであったのではないでしょうか。夕食後の時間をテレビの前で過ごすお父さんたちが増えるにつれ、オステリアは減って行ったような気がします。そして昔ながらのスタイルのオステリアは、今はイタリアの田舎でもほとんど見かけなくなってしまいました。

カーサ・デル・ポポロ

オステリアとは別に、イタリア人がワインを飲む場所として良く利用していたものに「チルコロ」または「カーサ・デル・ポポロ」と呼ばれる施設がありました。一般庶民の男性も女性も、だれもが利用できる施設で、食べたり飲んだりはもちろん、地域住民の集会をしたり、ダンスパーティーなどが行われていました。オステリアが営利を目的としたお店なのに対して、チルコロは、いわゆる協同組合や共済組合のようなもので、村や町、もしくはその地区の住民によって自主的に運営・管理されている、一種の厚生施設でした。

会員とその家族同士が助け合いながら楽しく余暇を過ごし、お互いの親睦を深めようというのがその趣旨です。従業員も会員が輪番制で務めたり、会員の中の代表者が専任で運営に当たったりします。当時のオステリアと違って、いかがわしいワインを置いたりすることはありませんし、食べ物も、かなりおいしいものを出していました。

私がまだ子供のころ、夏にクレモーナの祖父のところへ遊びに行ったときに見たチルコロは「チルコロ・コオペラティーヴァ」というさらに大きなもので、かなり広い中庭に面して明るいテラスがありました。

小さなオーケストラの演奏まで入って、みんなそこでワインを飲みながら、ポルカやワルツを踊って過ごしたりしていました。日曜日ごとのこうした集まりで消費されたワインの量は、何十リットルというものだったと思います。

チルコロは、あるときは若者たちの出会いの場であり、またお年寄りの集会所であり、父親、母親たちの気晴らしの場であり、子供たちの遊び場でもありました。

チルコロにはもう一つ、政治的な側面もありました。もともとチルコロは、労働者や農民の中で、左翼的な思想を持った人たちが中心となって運営しているところが多かったようです。もちろん、左翼思想とは何の関係もないチルコロもありましたが、いずれにしてもそこには、同じ社会階層の、同じような政治的な考えを持った人々が集まっていました。ですから、ダンスパーティーがいつの間にか終わっていたと思ったら、いつの間にか政治討論会みたいな雰囲気になっていたりしました。そして選挙のときには、候補者の立ち会い演説会が開かれたりして、重要な役割を果たしました。

集まって飲めや歌えのお祭り騒ぎをするのも、真剣な政治の話をするのも、みんな同じ場所というのが、ちょっと面白いところだったかもしれません。

今ではイタリアでも、人々の社会的な階層意識や連帯感が薄くなりました。そして、余暇の時間、仲間とチルコロに集まるよりも、ショッピングモールのようなところでお買い物したりする方を好むイタリア人が増えました。こうした世相を背景として、かつてのようなチルコロは、イタリアからどんどん減りつつあります。

「イタリアワイン」の発見

各家庭でオリジナルの「ハウスワイン」が造られたり、人々が伝統的なオステリアやチルコロでワインと付き合っていた時代、ワインはまだ土地に縛り付けられたものでした。ほとんどのイタリア人にとって、自分が生まれ育った地域以外のワインを口にする機会は、兵役のときぐらい、というのが現実でした。

そのころ、たとえば南部プーリア州出身の人が兵役について、北部ピエモンテ州のバルベーラ種ぶどうのワインを飲めば、きっと彼の反応は「何だこりゃ」といった感じで、故郷の酒を懐かしく思い出したでしょう。逆に北部ロンバルディア州出身の人が、南イタリア・シチリアのネーロ・ダーヴォラ種ぶどうで造ったワインを口にすれば「飲めたもんじゃない」とあきれ返ったのではないでしょうか。

ワインも今ではグローバル化の波を受けて、良く言えば万人受けする洗練された味のもの、悪く言えば平均化された没個性なものが増えたように思いますが、昔は今以上に、土地ごとの強烈な個性を持ったワインが飲まれていました。それらはいわば、「名前を持たないワイン」でした。その土地の人にとっては、いつも飲んでいる地元のワインだけが「ワイン」なのであって、名前など要らなかったのです。

そして、人々の頭の中には「イタリアワイン」という発想さえありませんでした。ワインは、ロンバルディアやシチリアといった、それぞれの地方に属するもので、「イタリアの」というくくりでワインを考える人はほとんどいなかったのです。そして長い間、それぞれの地方で愛飲されていた土着のワインが、「イタリアワイン」という新しい定義を与えられ、名前を付けられて、世の中に出て来たのです。すなわちこの五十年という年月は、多くの「イタリアワイン」というものが「発見されてきた」期間だったといえるでしょう。

ワインに限らず、料理の世界にも似たようなことがありました。かつて、人々に「イタリア料理」という概念はありませんでした。それぞれの地方でとれる産物を、それぞれ独自の調理法で食べる「地方料理」があっただけです。たとえば七十年前に、北部イタリア・パヴィアの田舎の人が、シチリアのアランチーニ(注7)を食べたとしたら、あまりに異質な食べ物であることに驚いたでしょう。もしかしたら、お腹をこわしてしまったかもしれません。

その後、交通が便利になり、メディアの発達で情報が行き渡るようになると、食の分野でもイタリア人の視野は広くなりました。そうなって初めて、イタリア人も各地方の料理とワインを知り、それらが「イタリア料理」や「イタリアワイン」として人々に意識され「発見」されることになったのです。

何事につけて進歩的な考え方をしていた私の父でさえ、ワインの好みに関してだけは、そうはいかなかったようです。父が飲んでいたワインはそのほとんどが、当時私たちが住んでいたミラノのあるロンバルディア州や、ピエモンテ州、ヴェネト州のもの。それに加えて、たまにエミリア＝ロマーニャ州産のものが入る程度でした。

ただ、幸いにしてこれらの地方では、イタリアを代表する、真に偉大なワインが造られていました。そして、仕事でロンバルディアの北部に位置する、ヴァルテッリーナ地方に出張することが多かった父は、時々おみやげに特別なワインを持ち帰って、まだ四、五歳だった私にも少しだけ味見をさせてくれました。私が自分の「ワイン人生」の中で初めて出会ったそれらの偉大なワインは「サッセッラ」であり、そして、その名前を決して忘れることができない「インフェルノ」でした。

でもここ何十年か、イタリア人のワインの世界は、昔とは比べものにならないくらい、広いものになりました。今ではイタリア人の私が日本に住んで、「北海道産の、この鮭の料理には、カラーブリア産のマルヴァジアが合うかもしれない」なんていうことを考えているのですから、時代は変わったものだとつくづく思います。

ファブリツィオのワイン日記①

一九七九年　四月五日　夜　ミラノにて

その夜、ミラノのポルタ・ティチネーゼという一角にあるリストランテで、僕は大学時代の友人たちと、卒業以来、何年ぶりかで会っていた。彼らの中には、インドから帰ってきたやつがいた。ギリシャのエーゲ海の小島に住んで、アーティストとして活躍している女友達もいた。そうかと思えば、ロンドンから昨日戻ったばかりの人間もいた。とにかく、みんな、未来への希望に燃えていて、そして「革命的」で、クリエイティブな物の考え方をしている連中ばかりだった……。いずれにしても、あの時代のミラノでは「クリエイティブである」というのは、僕ら若者たちにとって、欠かせないことだった。

数カ月もすれば、僕らはまたばらばらになって、それぞれ別の仕事をするために、この広い世界の、遠く離れた場所で生きていくことになるだろう。でも今夜は、この夜だけは、みんな一緒に、何か……とにかく「世界」を変えてしまうようなことをしたい、という思いを持って集まっていた。結局、それは「ワインの世界」になったんだけれど……。

「ねえ、聞いてほしいことがあるんだけど」と言い出したのは、リヴィアだった。ほっそりとしていて、よく日焼けして、ちょっとヒッピーみたいな恰好をした女の子だ。

「私のお父さんが、今度、トスカーナのキャンティ地方にある大きな館と、農園を相続で手に入れたのよ。それで、その館と農園を、私が自由に使っても良いって言ってくれてるの」

彼女が、やがて重要な国際機関の上級職員になるなんて、当時は誰も想像すらしていなかった。……みんなが興味をひかれて、彼女を見つめているのを見て、リヴィアは続けた。

「その館はね、一七〇〇年代の初めごろに建てられたもので、ちょっと直したり、手を入れたりしないといけないみたいなんだけど、とにかく眺めの素晴らしいところに建っているんだって。それで、オリーブの畑と、何ヘクタールもの広いぶどう畑に囲まれているらしいの。農園は、今は近くに住んでいるお百姓さんに世話を任せていて、採れたぶどうは、地域の協同組合に運ばれて、そこでごくありきたりのキャンティ・ワインに仕立てられているみたい。今の、あの最低のキャンティにね。なんて残念な……本当にもったいないことだわ！」

本当のことを言うと、なにより「残念」だったのは、そこにいたみんなが、同じ熱病にかかってしまったみたいに、こんな考えを、同時に抱いてしまったことなのだけれど。

「トスカーナ……キャンティ……田園での暮らし……人間の原点への回帰！　自分たちの手で大地の恵み、ぶどうを摘み取り、それをワインにする。なんて素晴らしいことだろう。ついに、理想の暮らしが、夢が現実になるんだ！」

一九七九年　七月二十日　キャンティ渓谷　カンピッリアにて

こうして青春の熱にうかされた僕たちは、七月の良く晴れた日、ついに計画を実行に移した。一群の車（すべてがミラノのナンバープレートを付けた）が、広壮な館の前に、ごちゃごちゃと停車した。館は、田園のすばらしい景観の中の、小高い丘の上に建っていた。丘の下から館まで、まっすぐに並んだ糸杉の並木。小さな村と、教会の鐘楼が、遠くに見える。こんもりとした森が所々に配され、あとは、オリーブの林とぶどう畑が、ゆるやかにうねった丘のつらなりの、地平線の果てまで続いている……。それはまるで、十六世紀の絵画の中から飛び出してきたような風景だった。その限りなく美しい景観が、その時の僕たちには、新しい人生の始まりを祝福してくれているような気がしたものだった。

しかし、その新しい生活が、決して生易しいものではないということが、僕たちにもすぐにわかった。なぜならその広大な館は、約十五年の間、誰も住む者がないままに打ち捨てられていて、ほとんど「悲劇的」といって良いくらいの状態だったからだ。とにかくまず、大掃除をして、積み重なった埃とクモの巣を取り払って……それだけでは十分でなかった。屋根が崩れたり、床が抜けたりした部分もあって、かなりの「修復工事」を、自分たちでしなければならなかった。ただ唯一幸いだったのは、僕たちにとって何より大切だったぶどう畑が、近隣に住んでいたお百姓さんに、お金を出して手入れをしてもらっていたおかげで、まずまず、最高と言って良い状態に保たれていたことだった。

それでも、みんなで手分けをして必死で働いたおかげで、館の方は、少なくともその一部に、人間が住んでいられる状態にはなった。そして僕らは、ぶどうの収穫という「壮大な挑戦」に向けて、準備を始めることになった。

当然ながら、一番の問題は、僕らはそれぞれ本で読んだりして、ワイン造りの知識が一応はあったものの、そのうちの誰一人として、自分の手で直接ぶどうを収穫して、ワインの醸造をした経験がないということだった。唯一僕だけが子供時代、収穫のお手伝いの「まね事」程度の経験をしたことがあった。それから、何かわからないことがあったら、父に電話をして相談できる立場にあった。でも正直言って、それは僕にとって気の進まないことだった。なぜなら父は、僕らのことを完全に「頭のおかしくなった連中」だと思っていたからだ。

とりあえず僕たちは、この館の地下にあった広大なワイン倉に行ってみた。電気設備もない真っ暗なその中に、ろうそくの灯りだけを頼りに降りてみると、そこに、すべての道具が揃っていた。醸造用の大樽、大桶、収穫の時に使う背負い子……でもそれらは皆、ひどいコンディションだった。ぶどうの搾り桶の取手は壊れていたし、造ったワインを入れるびんや大びんも割れている物の方が多いくらいだった。それでも僕らはそれらすべてを修理し、補充しなければいけない物は買いそろえて、なんとか八月の終わりまでには、収穫の準備が整った。そこではたと気づいたのは「いつ」収穫をすればいいのかが、誰にもわからない事だった！

一九七九年　九月八日　キャンティ渓谷　カンピッリアにて

「あのー、ですね。今年は、僕たちの手でぶどうを摘んでですね……それを自分たちの手で、ワインにしようかと思うんですけど……」

僕は、その老人――これまで館のぶどう畑の世話をしてくれていたお百姓さんの前で、一生懸命になって話していた。

「お聞きしたいのは、その……いつ収穫をすればいいのか、今年の場合はいつ、ぶどうが収穫に一番良い状態になるのか、ということなんですが……」

しかし、その年老いたお百姓さんは、こちらをじっと見つめたまま、黙っていた。もしかしたらこの老人には、僕のイタリア語が分かっていないのではないか、と思い始めたとき、僕の言葉をさえぎるように、老人は吐き捨てるように言った。

「バカバカしい！　なにを言い出すかと思ったら、この館で、自分たちでワインを造りたい、だって？」

さすがに僕もひるんだけれど、それでも勇気を振り絞って、説明を続けた。

「えーと……そうです。それで、いろんな機械も使わずに……たとえば、ぶどうは足で潰して果汁にしようかと思ってるんです」

老人が呆れ返った顔をしているのに気が付いて、僕は顔が真っ赤になってしまったけれど、なおもめげずに、言葉をつないだ。

「つまりですね、ここで僕らは、本物のバイオロジカルなワインを造りたいんですよ。余計な機械は使わずに、温度管理もしない、本当に自然のままの発酵をさせて、亜硫酸塩も使わないで……」

老人は、皮肉な表情を浮かべて、僕の目を見ながら、低い声で言った。

「それは結構なことだな。いずれにしても、わしらは二日後に収穫を始めることにしている。まあ、幸運を祈るよ」

僕はちょっと混乱しながらも、考えた。

「よし、少なくとも、いつ収穫を始めればいいかはわかったぞ。二日後だ！」

一九七九年　九月十日　キャンティ渓谷　カンピッリアにて

いよいよ収穫の日。僕らはみんな興奮していた。朝日が昇るとすぐに畑に飛び出して、僕らは仕事を始めた。ぶどうの房を摘み取って、背負い籠をいっぱいにして、それを、丘の上の館まで運び上げる。もちろん、すべて自分たちの手と足だけを頼りにだ。でも、そうやって正午ごろまでに僕らが収穫できたぶどうは、どう見ても、畑全体の五％程度だった。そして仕事の進行は、午後になって気温が上がってくると、さらに遅くなった。僕らはみんな若くて元気者ばかりだったけれど、本当の肉体労働には慣れていない、都会育ちばかりだったから、本職のお百姓さんのような強い手も、腕も、脚も持っていなかったのだ。

僕らはへとへとになりながら、一日中必死で働いたけれど、その日に収穫できたのは、結局全体の一〇％ぐらいだった。このままでいくと、畑のぶどうすべてを収穫するのに、十日はかかってしまう計算になる。それでは、最良の収穫時期を逃してしまうことは確実だった。

そう、僕らの初めてのぶどうの収穫は、想像していたような、すばらしい「お祭り」とは、ほど遠いものだった。一日が終わろうとする時には、みんな口もきけないほど疲れて、地面にへたり込んでいた。夕日が、まるで僕らの気持ちの高ぶりが消えて行くのを象徴するように、西の地平線に落ちて行った。

僕らは、どうして良いかわからなかった。ただひとつ確かなのは、自分たちだけの力で収穫を終えるのは不可能だ、ということだけだった。唯一考え付いたのは、どこか地元のワイナリーに、僕らのぶどうを引き取ってもらう、というアイディアだった。その晩、近くにあった大きなキャンティ生産者に電話をしてみた。予想外に、先方の反応は良かった。僕らのぶどうの、半分以上を引き取っても良い、と言うのだ。すべてが台無しになってしまうよりは良い。

「わかりました。いつ、そちらの分のぶどうを収穫に来ていただけますか？」

そう尋ねると、相手は驚いて言った。

「何だって？　収穫はそっちがやって、こっちまで運んできてくれるんじゃないのか？」

やっぱり、そんなうまい話はない――。

結局僕たちは、毎年この畑の面倒を見てくれていた、あの年取ったお百姓さんと、その仲間に助けを求めた。お金を払って、収穫を手伝ってもらうことにしたのだ。もちろん、僕らも、完全に諦めてしまったわけではない。本職のお百姓さんの、すばらしい手際の仕事を横目に、朝から晩まで死ぬ気で働いた。結果、収穫はなんとか三日で終わらせることができたのだった。

一九八〇年　三月十日　キャンティ渓谷　カンピッリアにて

秋に収穫したぶどうは、素人なりに一生懸命努力した結果、今日、約三千リットルの量の、キャンティ・ワインをボトリングすることができた。でも、僕らの期待に反して、そのキャンティは、酸味が強すぎる、バランスの悪いものになってしまっていた。

「おい、このガソリン、誰か買ってくれる人がいるかなあ？」

などと自嘲的な冗談を飛ばしながらも、みんな、本当にがっかりしていた。

僕はその失敗作のキャンティを飲みながら、子供のころ飲んでいた、父のメルロ・ワインの味を思い出していた。そして、本職のお百姓でも醸造家でもないのに、見事なワインを醸していた、父の仕事を改めて尊敬し直したのだった。

「ワイン造り」という崇高な仕事

これが、私のトスカーナでの「ワイン生産者」としての実体験です。

最初の年の挑戦は失敗に終わりましたが、それでも私たちは、「来年こそは！」と頑張りました。しかし、いろいろな不運が重なって、やはりうまくは行きませんでした。農場を通じての収入は微々たるもので、お金は出るばかり。そして私は、ついに貯金が尽き果て、個人的な事情もあって、一年余りでミラノに帰ることを決断しました。一部の仲間は、それでも頑張っていたのですが、農園は、結局うまく行かなかったようです。そして、まもなくある銀行の手に渡ったということでした。

私たちのワイン造りは、結局ビジネスとしては成功しませんでした。でも、畑仕事からびん詰めまで、ワイン造りのあらゆる工程にまさしく肌で触れ、自分の身体感覚を通して、ワインを造るとは、どんな仕事なのかを経験できたのは、貴重なことでした。ぶどう作りとワイン造りは、気の抜けない、本当に厳しい仕事です。少しの注意を怠れば、病気や害虫にぶどうの木をやられたり、醸造に思わぬ誤算が生じたりします。しかも、良いぶどうを作るためにと必死の努力でやってきたことが、予想もしない天候のいたずらや、思わぬアクシデントで水の泡になってしまいます。

それでもイタリアには、小規模で良心的なぶどう農家・醸造家の人たちが、本当に手造りの感覚で生産しているワインがたくさんあります。その見事な出来ばえの裏側に、どんなに過酷で、どんなに素晴らしい仕事の積み重ねがあるのかを、今リアルに想像できるのは、私自身にこの挑戦と失敗の経験があったからだと思います。

トスカーナの新しいワイン造りに本格的なブームが訪れたのは、その直後のことでした。それに加えて、外国人の富豪の間で、トスカーナに別荘を持つことが流行したこともあり、土地の値段が、さらに驚くほど高騰しました。

今では、まとまった資金もない都会の若者が、自分たちだけの力で土地を借り、ワイン造りに挑戦できるような状況ではなくなりました。その代わり、この土地でワインを造ることの、ビジネスとしての将来性を評価し、本格的に資金を出資してくれる銀行は、増えたようです。資金繰りという面から見れば、我々の挑戦は、多分、時期尚早だったのでしょう。もし、どこからか本格的な出資を得て、あの農場と醸造所を続けることができたなら、ひょっとすると、私たちのワインは、有名になっていたのかもしれません。

でも、あの仕事を身をもって体験した人間としては、これで良かったのだと思っています。やはりワイン造りというのは、今も伝統的なイタリア農民の「魂」を頑固に持ち続けている、本物のお百姓さんだけがやるべき仕事なのだと思うのです。

《注釈》

（注1）イタリア北部の、フランス国境に近いモンヴィーゾ山を源流とし、北イタリアを西から東へ横断してアドリア海にそそぐ、この国最長の大河。流域に肥沃な平野を形成し、農業や工業、商業を発展させてきた。

（注2）カンティニエーレは、主人の食卓に供すべき良いワインを探し出して、館のワイン倉に仕入れ、それを最良の状態で保管することを主な職務とした人。そのため、近在の優れたぶどうを作る農園や、ワイン造りの名人についての情報も把握している必要があった。一方、ボッティリエーレは、主人と、そ

のときのお客の嗜好やリクエスト、料理の種類に合わせて、ワイン倉から様々なワインを選び、組み合わせなどを吟味して、食卓に供するサービスの仕事を指揮した。料理とワインの組み合わせや、様々なテーブルドリンクの調合法に通じた、一種の食卓の演出家であった。

（注3）一般の人がほとんど旅行をせず、地域間の移動が少なかった時代も、一部の商人や、修道士、巡礼者といった人々は、各地を渡り歩く生活をしていた。こうした人々の貢献もあって、他の地域のワインや食文化についての情報もわずかながらもたらされ、少しずつ、各地域は影響を及ぼし合っていた。また、これよりずっと以前の古代ローマ時代には、アッピア街道、フラミニア街道といった主要道路を通じて、かなり遠隔地にまで、ワインが運ばれていたという記録もある。

（注4）ミラノ、ブレシア、ヴェローナといった北イタリア主要都市の北方、ヨーロッパ・アルプスの南山麓にある湖の多い地域のこと。コモ、ガルダ、マッジョーレ、ルガーノ、イセオといった美しい湖が点在し、北イタリアの都市居住者の保養地となっている。

（注5）『バッカスとアリアドネの凱旋』（一五九七〜一六〇〇頃）は、ローマにあるファルネーゼ宮の天井に、枢機卿オドアルド・ファルネーゼの命により、アンニバレ・カラッチ（一五六〇〜一六〇九）とその一派が描いたフレスコ画のこと。バッカスはローマ神話の酒と豊穣の神で、各地を旅してぶどうの栽培を広めたとされる。この絵は、ぶどうを持ったバッカスとその妻アリアドネが、虎と牡羊の引く戦車に乗って凱旋し、ぶどうの房が入った籠やぶどう酒の壺、桶を持った従者が周囲を跳ね回る、寓意的な絵画。

（注6）イタリア中のあらゆる都市や村にある、カフェとバーを兼ねたような店の事。パニーニ（イタリア風サンドイッチ）などの軽食も置いてある。多くの客がテーブルには座らず、カウンターで立ったままコーヒーや食前酒などを飲んでいる。単なる飲食店ではなく、地域の社交場のようなものになっている店

が多い。サッカーに関心がないイタリア人はいても、バールを利用しないイタリア人はいない、と言っても良いかもしれない。

（注7）シチリア風の丸いライスコロッケ。中にチーズが入っている。

第2章　イタリアの「ぶどうの貴族」たち

高貴な「霧のぶどう」ネッビオーロ

さて、イタリア庶民の伝統として、ワインは食卓に欠かせない日常的な「食べ物」のひとつであって、決して「グルメ嗜好」を満たすような、特別なものではなかった、ということは、ここまでの話でおわかりいただけたかと思います。つい半世紀ほど前まで、九九％のイタリアワインは、庶民の日常の「食糧」として生産され、消費されてきたのです。しかし、イタリアにも、昔から偉大なワインを造る、特別なぶどうとみなされてきたものがいくつかあります。言わば「ぶどうの貴族」と呼ぶことのできる一族です。これら「ぶどうの貴族」たちが背負ってきた歴史とその特徴について、ここで簡単にご説明しておきましょう。

イタリアの「ぶどうの貴族」としてまず最初に名前が挙がるのは、ネッビオーロ種のぶどうです。北イタリア土着の品種であるこのぶどうの産地として最も有名なのは、現在のピエモンテ州・アルバの町の周辺に広がる地域。美しい緑の丘が連なるこの土地は、ランゲ地方と呼ばれ、現在もネッビオーロ種のぶどうを一〇〇％使った、イタリアを代表する赤ワイン「バローロ」や「バルバレスコ」の生産地として知られています。

秋になると、この地方はしばしばミルク色の深い霧に包まれます。ネッビオーロという名前の由来も、イタリア語の霧＝ネッビアという言葉から来ています。ランゲの丘に霧が降る時期に収穫されることから、ネッビオーロと呼ばれるのです。聞いただけで、その故郷の風景が、目に浮かんでくるような、何ともロマンティックな名前だと思いませんか？

歴史的にワインというものは、造られてから早いうちに飲まれるものがほとんどだったわけですが、ネッビオーロぶどうから造られたワインの中には、例外的に、長い熟成に耐え、年月と共に味わいを深めて行くタイプのものもありました。「バローロ」や「バルバレスコ」、そして「スパンナ」といったワインたちです。

ネッビオーロ種のぶどうは現在、ランゲ地方以外でも栽培されています。同じピエモンテ州の、ガッティナーラやゲンメといった土地では、ネッビオーロを中心に、ヴェスポリーナ種やボナルダ種などを混合して造ったワインが生産されていますし、ピエモンテの北に位置する、ヴァッレ・ダオスタ州との州境、カナヴェーゼ地方では「アルナッド・モンジョヴェ」というワインが、やはりネッビオーロぶどうを使って生産されています。

また、「バローロ」や「バルバレスコ」にしても、ぶどうが採れる畑の、土の質や、生産者によって、さまざまなワインがあることは確かです。さらに、バローロとバルバレスコについて言えば、この三十年あまりの間に「バリック」とよばれるオークの小樽を使う生産者が徐々に出てきました。バリックの使用によって、昔のバローロやバルバレスコのうち、特に五〜六年の熟成期間を経る以前のものが持っていた、厳しく丸みの少ない味わいが、根本的に変えられました。現在はバリックを使う生産者と使わない生産者がありますが、いずれにしてもその堂々としたボディや、複雑な味わいに富んだ素晴らしい特質には、変わりがありません。

また、ネッビオーロぶどうを使った「偉大なワイン」は、ピエモンテ州以外にもあります。ロンバルディア州のブレシアの近くには「テッレ・ディ・フランチャコルタ・ロッソ」というワインがありますし、同じくロンバルディアの北部、アルプス山麓の、ヴァルテッリーナ地方のワインにも、ネッビオーロを使った素晴らしいものがあります。この、ヴァルテッリーナのネッビオーロ・ワインの中には「スフォルツァート」（スフルサット）という、昔から行われている、特別な手法を用いて造られたものがあります。

これは、ぶどうの実を箱の中に並べ、風通しが良くて湿度の低い、日陰の場所に置いて、約三カ月の間自然乾燥させ、ぶどうの糖度を濃縮させてからワインにする方法です。こうすると普通の造り方のものよりアルコール度数が高く、さらに重厚なボディのワインが出来上がる、というわけです。

ちなみに「スフォルツァート」と似た手法は、ロンバルディアの東隣にあるヴェネト州でも行われています。「リパッサーティ」または「ディ・リパッソ」と呼ばれている、やはり伝統的な方法ですが、最近になってまた大きな流行になってきています。使われるぶどうの種類は、コルヴィナ・ヴェロネーゼや、ロンディネッラなどで、「アマローネ・デッラ・ヴァルポリチエッラ」や「レチョート・デッラ・ヴァルポリチェッラ」といった高級ワインが、この方法で造られています。

さらにトスカーナ州にも、ぶどうを一度乾燥させてから搾り、発酵させる方法があります。「ゴヴェルノ・アッラ・トスカーナ」と呼ばれている手法で、特殊な「キャンティ」ワインを造るために行われています。

やや話が脱線しました。「ネッビオーロ」の話に戻りましょう。

イタリアを遠く離れて、私が日本に住むことになったとき、何か祖国を思い出せるものを、ということで、父が持たせてくれたものが、ネッビオーロぶどうで造られたワインでした。父が自慢のカンティーナから取り出してきてくれたのは、一九五八年に造られた「ネッビオーロ・ダルバ」と、六二年ものの「バローロ」でした。遠い異国で、嬉しいことがあったとき、また気持ちがくじけそうになったとき、特別な折に触れてそれらのワインの栓を開けたときには、故郷の風景と香りが目の前に広がって、心も体も生き返るような気持ちがしたものです。

もうひとつ、北イタリアの「貴族」として挙げておきたいのは「カベルネ・フランク」という種類のぶどうです。カベルネといっても、フランス種のカベルネとはちょっと違っていて、ロンバルディアやヴェネト地方に古くからあるぶどうです。ロンバルディアのブレシア近郊で産する素晴らしいワイン「フランチャコルタ」は、この「カベルネ・フランク」に（フランス種のカベルネ・ソーヴィニオンを使う生産者も一部あります)、ネッビオーロ種やバルベーラ種、あるいはメルロ種ぶどうを混ぜて造られています。

カベルネ・フランクなどをベースにしつつ、一九八〇年代から九〇年代に、新しいワイン・グルメブームに乗って、イタリアからも、たくさんの高級ワインが世に出てきました。そうしたワインの多くは、インターナショナルなワイン・マーケットの要請に応じて造られたもので、いわば、ワインの「グローバル・スタンダード」といえるような商品です。こうしたものには、個人的にいろいろ言いたいこともあるのですが、それはまた、後にとっておくとしましょう。

いずれにしても、ネッビオーロを代表とする北イタリアの「高貴なぶどう」は、イタリアの食文化と農業の伝統の中で育まれてきたものです。その一方、各地方で地元の庶民に親しまれてきた「地方貴族」とも言うべき素晴らしいぶどうたちのことも、忘れることはできません。半世紀以上前に、ロンバルディアやピエモンテの一般の人に、素晴らしいワインは何かと問えば、「ドルチェット」や「バルベーラ」あるいは「ボナルダ」という名前が挙がったでしょう。ヴェネトの人に聞けば「何と言ってもヴァルポリチェッラ」という答えが返って来たでしょう。そして、そのどれもが「熟成に耐える」といったタイプではなく、フレッシュで果実味が高い、若飲みタイプのワインでした。それが彼らの「好み」であり、ワインに関する「価値観」だったのです。現在の「ワイン通」が、昔の人はレベルが低かったとか、ワインの本当の美味しさを知らなかったとか、もし言うとすれば、それは全く見当違いの意見だと思います。

同様に、先ほどご紹介した「スフォルツァート」のような、ワインを「洗練させる」伝統的な技法について見ても、それを使って生み出されるものを、すべての人が「より良いワイン」として認めていた、というわけではありません。たとえば、私の祖父は「ワインというのは、そのぶどう本来の味がするものが一番だ」と口癖のように言っていました。その一例として、私と祖父の、ある日の思い出の場面をご紹介しましょう。

ファブリツィオのワイン日記②

一九七〇年　五月五日　ロンバルディア州　クレモーナにて

部屋じゅうにトスカーナ産の葉巻の煙がたちこめて、まるで青い霧がかかっているみたいに見える。僕の祖父・カルロの部屋は、いつでもこうだ。祖父は、いつもの通り窓辺に腰かけている。横の小テーブルには、半分ほど飲みかけのワインのボトルと、グラスが置いてある。

「何か美味しそうなものを飲んでいるね、おじいさん」

と声をかけると、祖父はなぜか少し困ったような顔をして、説明してくれた。

「これはな、実はとっても貴重なワインなんだよ、私の大切なファブ君。『レーチャ』っていう言葉、君にはわからんだろ？　君らぐらいの歳の子は、この土地の方言でさえ、もうほとんど知らないからなあ……。これが造られたヴェネトのあたりじゃ『レチョート・デッラ・ヴァルポリチェッラ』と呼んどるようだ。このワインはな、ファブ君、畑の中から、ことに日差しをいっぱい浴びて育った質の良い房を選んで、それをまず日陰で三カ月ばかり干して、それから搾った果汁で作っておるんだ。だから、ちょっと特別な香りがあって……なんというかなあ、ぎっしり詰まった味がして……まあ、ちょっと飲んでみなさい。君の口に合うかな？　造られてから、五年経っておるんだが……」

僕はその『レーチャ』をグラスに注いで、一口味わってみた。

「うんうん。すごく美味しいと思うよ。なんだかワインじゃなくて……ほとんど、リキュールみたいな味だ」

祖父はちょっと嬉しそうに微笑んで言った。

「そうか！　君も大分、味がわかるようになってきたな。確かに、うまいことはうまいんだが……わしにはちょっと……そうだ、ひとつ頼みたいことがあるんだがな」

「何？　おじいさん」

「ちょっと地下のワイン倉へ行って、普通のヴァルポリチェッラか、バルドリーノのボトルを一本、持ってきてくれんかな。去年造られたやつだ。入って奥の、左側の棚にあるはずだよ。もし見つからなかったら、まだ新しいバルベーラを持ってきておくれ。入ってすぐの、右側の棚に置いてあるから」

僕は、祖父がなぜ『レーチャ』を飲むのをやめてしまったのか、不思議に思って訊ねた。

「でも、おじいさん、このワインが好きじゃないの？　さっき、特別に貴重なワインだって、言ったじゃない。もったいなくないの？」

「ああ、心配することはないよ。これは、うちのばあさんにでも、持って行ってあげなさい。私は……そうさなあ……もう歳をとってしまったから、若いワインから、元気をもらいたいのかもしれんな。まあ、とりあえず行ってきてくれないか？　それから、また一緒にワインの話をしようじゃないか」

祖父はそう言って、葉巻の煙の向こうで微笑んだ。

「田園の貴族」サンジョヴェーゼ一族

ネッビオーロが「北の王者」だとすれば、中北部イタリアを代表する高貴なぶどうは、サンジョヴェーゼ、および、サンジョヴェート（サンジョヴェーゼのやや粒が大きな種類で、サンジョヴェーゼ・ロブスト、あるいはブルネッロとも呼ばれます）の一族でしょう。多くの亜種を持つ、ぶどうの「大家族」で、生産地も、イタリア中北部のトスカーナ州から、エミリア＝ロマーニャ州、マルケ州、ウンブリア州にかけてを中心として、イタリア半島のかなり広大な地域で、微妙に違ったタイプのものが栽培されています。もちろん、歴史も古いぶどうなのですが、ただこの一族が「ぶどうの貴族」として本当に台頭し始めたのは、十九世紀半ば以降のこと。ここ百五十年ほどの間に力をつけてきた、いわば「新興の貴族」といったところでしょうか。

かつてのサンジョヴェーゼは、高貴なぶどうというよりも、地元の人の日常の食卓で愛されてきたぶどうでした。それがイタリアを代表するぶどうのひとつとなったのは、十九世紀半ばになってから、サンジョヴェーゼを使った赤ワインが「キャンティ」という名で、広く世に知られるようになってからです。

ここで注目すべきなのは、十九世紀半ばという時代背景です。これはちょうど、イタリアが、統一国家として産声を上げたのと、同じ時代に当たります。長靴型の半島と、それを取り巻く島々に割拠していた小国をまとめて、新しく誕生した国家「イタリア王国」には、国を統合する「象徴」が必要でした。そして、赤・白・緑のイタリアの「三色旗」と同じような役目を、食文化の側面から担うような存在を、当時の支配層は求めました。それが、北部から中南部にかけて、イタリアの非常に広い範囲で栽培されていたぶどう品種、サンジョヴェーゼを使ったキャンティ・ワインだったのです。キャンティは、新しい統一国家「イタリア」のシンボルとして登場した、最初の「イタリアワイン」でした。

それでも、サンジョヴェーゼ一族が、ぶどうの「貴族」の地位を獲得するまでの道のりは、平坦ではありませんでした。第二次世界大戦後、キャンティはイタリアのシンボルとして海外でも有名になり、アメリカなどに大量に輸出されるようになりました。こうした輸出用のキャンティは、イタリアの農村のイメージを強調するためか、しばしば麦わらの「こも」をかぶせたフラスコ型のびんに詰められていたのですが、大量生産を重視するあまり、質が落ちる傾向があったのです。トスカーナから遠く離れた州で造られたワインが「キャンティ」として輸出されていたこともあったくらいです。この時代のキャンティは、必ずしも洗練された味わいのものではありませんでした。今でも覚えていますが、私の父などはキャンティを飲みながら、何度か「これがキャンティか？　粗野なワインだな。しょせんはサンジョヴェーゼだ」などと言っていたものです。

こうした状況を打開するため、トスカーナの生産者は、優れた醸造技術を取り入れるように努力するなどして、品質の改良に努めました。

これについて言えば、間違いなく歓迎すべき「変化」ではあると思います。ただ、一方では、残念なことにここ三十年ほどの間に、歓迎できない変化もまた、トスカーナに限らずイタリア中のワイン生産者の間で起きています。主にワインの世界の「テイスト・メイカー」とでも言うべき存在、つまり、ワイン評論家や、ワインジャーナリスト（主に米英のです）が作り上げ、ワイン雑誌や、ワインのガイド本などによって世界に広められた、一種の「流行現象」です。

それは、発酵、熟成、使用するぶどうの組み合わせ、そしてオークの小樽に入れて「洗練された」木の香りをつけるなど、あらゆるワイン造りの過程において、伝統的な技法を、大きく変えることを要求するものでした。そのため、非常に古い時代から連綿と受け継がれてきた、イタリアワインの「アイデンティティー」が、すっかり変えられてしまったのです。

こうした変化を経て、サンジョヴェーゼ一族もまた、ぶどうの「貴族」として、その地位を確固たるものにしました。しかし私の正直な感想を言えば、一九八〇〜九〇年代のサンジョヴェーゼ・ワインの「洗練」の方向には、疑問に感じる部分もあります。たしかに、こうした「流行」に乗ったワインの多くは、質の高い、素晴らしいワインではあります。ただし、それらはあくまでも「世界標準」の良いワイン、という方向にだけ向かっているように思うのです。

実はこの、ワインの「グローバル・スタンダード」ともいうべき価値観は、それほど新しく革新的なものではありません。それは、最初はフランスの貴族たちの、続いてフランスのブルジョア階級の「好み」によって生まれ、徐々に方向づけられ、その後イギリスに波及し、そして、近年はアメリカの人々を対象にした「マーケティング」の結果確定された、ワインの味に関する価値観です。本当にそれが「良いワイン」「美味しいワイン」の、ただひとつの価値基準なのでしょうか？　私は、そこに疑問を呈したいのです。

ただ幸い、ごく最近になって、イタリアでもワイン造りの考え方や方向性を、かつてのオリジナルのものに戻そうという傾向が出て来ています。つまりぶどうとワインの「多様性」と、それによってもたらされる「豊かさ」を取り戻そう、というムーブメントです。

サンジョヴェーゼ・ワインについて見ても、本来、このぶどうのワインが持っていた、やや酸味が強く、アグレッシブで、明るく、まるで、大声でトスカーナの民謡でも歌っているような、そんな土臭く、強烈な個性を持ったものも、十分に魅力的なのではないかと、私は思っています。

南イタリアの「いにしえの貴族」たち

今から十五年、二十年前までの長い間、残念なことですが、南イタリア産の多くのワインを「偉大なワイン」であると考える人は、ほとんどいませんでした。しかし、一九六〇年代には既に、カンパーニア州や、カラーブリア州、シチリア州などに、かつて、地中海に名をはせた上質なワインを「復活」させる試みを始めていた「真のプロ」というべき生産者たちが現れ始めていました。ただ、まだ当時、彼らは全体からすれば少数派の、「エリート」たちでした。

しかし私たちは、古代ローマや古代ギリシャの時代から、南イタリアは、それらの文化圏におけるぶどう栽培の発祥の地であり、また、その地で産出されるワインが、当時絶大な評価を受けていたということ、そして古代ギリシャ・ローマ時代の多くの詩や文学の中で、その名が賞賛されてきた、という事実を忘れてはなりません。

そしてここ十年ほどの間、南イタリア産の高貴なワインは再び注目を浴びて「復活」しつつあります。これは非常に喜ばしいことです。

もともと、十六世紀、十七世紀ごろまでは、イタリアで、というより世界で最良のワイン、最良のぶどうとされていたもののいくつかは、南イタリア伝統のものでした。その例として、マーニャグエラ、フォラステーラ、ビアンコレッラ、ファランギーナ、グレコ、などの名前が挙げられます。

現在も、それらをルーツとしたぶどうが、ナポリ湾の周辺などで栽培され、ワインになっています。たとえば「アッリアニコ」。しっかりとしたボディがあって、タンニンの強いこの赤ワインは、いにしえの南イタリアの名酒、たとえば「マーニャグエラ」などの面影を残しているように思われます。それでも、古代の南イタリアの「高貴なワイン」が、実際どんなものだったか、正確にはわかりません。

かつて南イタリアに存在した歴史的なワイン、ぶどうの貴族に関して、現代の我々にヒントを与えてくれるのは、「カンティニエーレ」あるいは「ボッティリエーレ」と呼ばれた人たちが書き記した記録です。カンティニエーレ、ボッティリエーレというのは、前章でも少しご説明したとおり、貴族や高位聖職者など、身分の高い人の館に仕えていた、ワイン専門の召使いのことで、今のソムリエに近い役目をこなしていた人々です。彼らは主人のために産地を回ってワインを買い集め、それを良い状態で保存し、午餐や晩餐のためのワインを、コーディネートしていました。

ただ、現代のソムリエとは決定的に違うところが、ひとつあります。彼らはそのときの料理や、食事をする人の好み、季節など、様々なことを考慮しながら、自分で何種類かのワインをミックスしたり、ワインに、ハーブや香料や果汁を溶かした水を混ぜたりして、オリジナルのテーブルドリンクを「創作」することが多かった、ということです。ワインに混ぜ物をするなど、現代の「ワイン通」からみると、何だか邪道のように思えるかもしれません。でも、今はほとんど失われてしまいましたが、実はこれが、古代からずっと受けつがれてきた、ヨーロッパにおけるワインの飲み方の、伝統だったのです。

話を元に戻しましょう。たとえば十六世紀に、教皇・パオロ三世（在位一五三四〜一五四九）のボッティリエーレを務めていた、サンテ・ランチェリオという人がいました。彼は当時、ワイン通として知られたパオロ三世の食卓に供した、最上のワインのリストを作成しています。この中に「グレコ」というぶどうのことが出てきます。このぶどうから造った白ワインは、しばしば北イタリア産の、マルヴァジア種やモスカテッロ種で造った白ワインと混ぜて飲まれたのですが、教皇の豪華な食卓に供されるにふさわしい、高貴なワインを産むぶどうのひとつとして記述されています。

現在も同じ名前の白ワイン用ぶどうが、ナポリ湾のカプリ島などで栽培されています。今でも非常に良いワインができるぶどうですが、十六世紀に、サンテ・ランチェリオが教皇に出すワインを造っていた時代のような、特別に高貴なイメージは、もうありません。

かつてはワインの名酒の産地として名高かった、南イタリア。しかし近代になってからは、ワインに関する好みばかりか、飲み方自体が大きく変わってきました。また南部の地域は、長い間、外国人の領主の支配を受けて近代化が遅れ、イタリア統一後も、いつの間にか国内で、はっきりと経済力の低い地域になってしまいました。そして、かつて豊かだった南イタリアのワイン文化も、あくまでローカルなものとして、外部の人から軽くみられるようになってしまったのです。

こうして南イタリアの高貴なぶどうたちは、一度は歴史の闇に消えかかったわけですが、先ほども触れたように、ここ十年ほどの間に、ようやく再評価されることになりました。そして、たとえば北イタリアの、バルベーラ種のぶどうなどと混合して、新しい高級ワインを造る方法が試されたりもしています。そうして造られる赤ワイン「カプリ・ロッソ」などの人気と共に、ピエディロッソ、ティントーラといった、南イタリアの伝統ある名前が再び脚光を浴び始めているのは、非常にうれしいことです。

ここで改めて強調しておきたいのは、伝統的な「ぶどうの貴族」「ワインの貴族」と、今日、いわゆる「高級ワイン」とされているものとは、そのキャラクターにおいて、必ずしも一致しない、ということです。たとえばサンジョヴェーゼのように、一九八〇年代から九〇年代にかけての「スーパー・タスカン」ブームによって、イタリアを代表するワインの「貴族」となったぶどうもあれば、マーニャグエラのように、歴史の彼方に消えて行った「貴族」もあります。

そして現在、「高級」とされるワインの多くは、ワインが国際的な市場で広く流通するようになった時代の「インターナショナルな」流行に乗って、その評判を高めてきたものです。ですから、またこの後何十年か経って、時代状況や人々の好みが変われば、「高級」の基準も、おそらく変わって行くことでしょう。あらゆる物事の価値観と同じで、ワインに関する価値基準も時代や流行に左右される、一時的で、相対的なものなのです。そのことは、いつも心にとめておいて良いことだと思います。

ファブリッツィオのワイン日記③

二〇一三年　三月三日　ミラノにて

そう、この雰囲気。これこそが、まさにミラノという街なんだ！

そんなことを心の中でつぶやきながら、僕はポルタ・ガリバルディ界隈を歩いている。道を渡ってコルソ・コモ大通りに入る。水たまりの汚れた水を跳ね上げて、車が通り過ぎる。霞に煙る、雨模様の街。その中で、唯一、色を感じさせるものは、路線バスのオレンジ色だけだ。

今日はミラノの街が、白黒の映画の中の世界みたいに見える。そして、建設中の二棟の高層ビルが、顔を持たない怪物のように、重々しくそびえ立っている。この街は、これからどんな風に変わって行くのだろう……。

コルソ・コモ大通りも、昔とはすっかり様変わりしてしまった。道沿いには、エレガントなカフェやレストランが立ち並び、道行く若い女性はみんなまるで、モデルみたいだ。僕は街の中に、何か昔の名残を留めているものを探す。こんな日は、はやりの「ワイン・バー」に入る気には、とてもなれない。おしゃれで「トレンディー」な人間になど、なりたくない。

突然、頭の中に、ある懐かしい風景が浮かんできた。それはかつての、本物の「ミラノのオステリア」だ。それでいて、店の名前は、南イタリアの太陽と、青い海とを思い出させるようなものだった……。そう、たしか「トラーニ」という名の店だった。

トラーニというのは、長靴型のイタリア半島の「かかと」に当たるプーリア州にある、古くて小さな、美しい町の名前だ。あの店はどこにあったのだったか……。そう、確かブレラ地区のあたりだった。古い記憶が少しずつ蘇ってくる。そこは、まだ貧乏学生だったころの僕でも、入って食事をするのに気兼ねしないで済むタイプの店だった。店の親父は、大学生だった僕のことをからかって「プロフェスリン」と呼んでいた。イタリア語の「小さな教授」＝「プロフェッソリーノ」という単語のロンバルディア方言だ。「教授くん」とでも言ったところだろう。昼時に店に行くと、たいてい中は混んでいて、いろんな種類の労働者と相席になった。

ミラノ風カツレツと、野菜のスープの香りに混じって、工員の服に染みついた機械油の臭いや、左官職人の、セメントの臭いがしたものだった。でも、一番印象的だったのは、強くて濃い、プーリア産のワイン「マンドゥリア・ディ・スクインザーノ」の香りだった。アルコール度数が高く、味も強烈なプーリアのワインは、北イタリア産のワインの出来が悪くて、アルコール度数が低い年に、それに混ぜてワインを「強化」するために使われたりしていた。当時はいわゆる「安酒」扱いをされていて、フランスでは、この種のワインを輸入することが、禁じられていた時代もあったぐらいだ。でも、あのプーリアワインの、野性的で強い味と香りが、口の中いっぱいにひろがる感覚が、僕は嫌いではなかった。

でも、オステリア「トラーニ」の一番魅力的な時間は、夜、それも土曜の夜だったと思う。店の中には、タバコの青い煙が立ち込めていた。そして、そこには、小さな工房を営む職人や、工場労働者や、会社員や、本物の、あるいはニセモノの芸術家や、娼婦や、町の小悪党など、ありとあらゆる種類の人間がいた。店の親父が料理を運びながら「プロフェスリン、気をつけな。あんたの前にいるジュリオは、サン・ヴィトゥール刑務所の、定期券を持ってる男だぜ」などと茶化しに来ることもあった。そしてみんな一緒に、食べたり、カード遊びに興じたり、流しの歌手や、詩人の声に耳を傾けたりしていた。そして何よりも大事だったのは、そこに、あの強烈な、プーリアのワインがあったことだ――。

「本日のおすすめは、ボルゲリの、サグランティーノ・ディ・モンテファルコです」

その声に、まるで急に夢から醒めた人のように、僕は周りを見回した。気が付くとこの界隈にたくさんある、今、流行のタイプのオステリアに、僕は入っていたのだった。

唇を黒く塗り、髪を赤く染めた、まさしく「トレンディーな」タイプの若いウェイトレスが目の前に立って、まさに「トレンディーな」ワインを僕に薦めた。僕がちょっと戸惑っていると、彼女はちょっといらだった様子で言った。

「それでは、ここにワインリストを置きますので、ごゆっくりお選びください」

店の中を見回すと、そこにいる男女の客は、みんな若くて、エレガントで、高価な服で着飾っていた。微笑み、話し、あるいはiPadやiPhoneを使ってメールを書いたりしている。

目の前に置かれた「ワインリスト」を手に取ると、ずっしりと重い。それは、リストというより、ほとんど聖書のようだ。開くと、有名なワインや生産者の名前がずらりと並んでいる。

僕は、何か、有名ではない「普通の」ワインを探した。できれば、あの日に飲んだプーリアのワインのような……それが無理なら、シンプルで質素なボナルダでも……でもそんなものは、どこを探しても見つからなかった。

「お決まりですか？」

先ほどの若いウェイトレスがやって来て訊ねた。――仕方がない。僕は答える。

「ええ、それじゃあグラスに一杯の、良く冷えたビールをおねがいします」

見直される伝統文化の香り

この五十年ほどの間にイタリア各地で起きたのは、それまで「名前のなかった」おびただしい数のワインに「名前が付けられて」商品として市場に出回り、たくさんの銘柄の「イタリアワイン」が誕生してきた、ということです。ただ、この長靴型の半島にあった、無数の（ほとんど一家にひとつ、と言っても良い）ワインが、すべてそうした、商品としての「イタリアワイン」になったわけでは、もちろんありません。ほとんどのプリミティブなワインや、土着のぶどうは、ワインというものが商品化されて市場に出回る時代になると、自然と消えて行きました。これは北イタリアでも、南イタリアでも同じことです。

そもそもイタリアには、ほとんど自生に近いような土着のぶどうが、無数にありました。そしてその多くが、きちんとした品種名さえ持っていないようなものでした。大多数のイタリア人が、地元のぶどうで造った、地元のワインしか飲まなかったような時代、庶民が普通に飲むワインに関しては、ぶどうの品種名など、はっきり言ってあまり重要ではなかったのです。

クレモーナの郊外にあった私の祖父のぶどう畑にも、そうした土着のぶどうの樹がたくさんありました。畑で遊んでいるとき、祖父に向かって「ねえ、これは何ていうぶどう？」と訊ねても「ああ、それは古い樹だ。今は使っとらん」としか答えてくれないことがありました。多分、何という品種かなど、祖父自身も知らなかったし、深く考えたこともなかったのでしょう。

また、私が幼いころ住んでいたミラノの家には、木がうっそうと茂った中庭があって、その奥のほうに、誰からも見捨てられたような、怪しいぶどうのつるが這っていました。秋になって、そのつるにぶどうがなっても、誰も気に留めません。「ねえ、あのぶどうは何？」と訊いてみても、大人たちはやっぱり「さあねえ、ただの古いぶどうの樹だよ。役には立たないさ」としか答えてくれませんでした。いかにも地中海の国・イタリアらしい、と言えるのかもしれませんが……。

そうした、名前もわからないまま打ち捨てられたぶどうは別としても、かつては各地方の農家で盛んに栽培され、ワイン造りに用いられながら、現在はほぼ消滅してしまったぶどうが、イタリア全土でどれだけあるか想像もつきません。例を挙げれば本当にきりがないのですが、たとえばポー川流域の地方で言えば「ムンテッチ」「ルイーン」などなど。これらのぶどうから造られるワインのほとんどは、赤ワイン、白ワインを問わず、醸せば自然と微発泡性を帯びる、「ヴィーノ・モッシ」とか「スプメッジャンティ」と呼ばれる種類のものでした。いずれも、熟成して美味しくなるタイプのワインではなく、伝統的にその地方の農民に好まれた、フレッシュな若飲みタイプのものばかりでした。

これらのフレッシュな微発泡性ワインに関して言えば、一時は時代の波の中で消えかかったこともありましたが、その中のいくつかに、ほんの最近になってではありますが、再び光が当たりつつあります。それは、もともとは農村の貧しい人々に飲まれたものでありながら、今では発泡ワインの、世界的なベストセラーの仲間入りを果たした「プロセッコ」や、「ランブルスコ」の成功のおかげだと言えるでしょう。

たとえば日本のように、一般の人々へのワインの普及がここ最近になって急激に進み、市場が成熟したものになりつつある地域では、ワインの味のスタンダード化、陳腐化を嫌って、何かオリジナリティーのあるもの、周りの人が飲んでいるのとは違ったワインを志向する傾向が出てきました。これが、一時はほぼ消えかかっていた「ボナルダ」や「クロアティーナ」、そして「微発泡性のバルベーラ」といったワインが、イタリアの生産者や、ワインの販売業者から見直され、復活してきた理由のひとつです。

その背景には、イタリアの小さな生産者、とりわけ若い世代の生産者たちが、グローバル化され、画一化された世界のワイン市場の中で、自分たちが生き残って行く余地を見出すには、何か他とは差別化された「新しいもの」を提供するのが一番有効だ、と考えるようになった、という事情があります。この「何か新しいもの」を求める志向が、逆説的に、失われつつあった伝統的な味と製法に「回帰」する、という現象を引き起こしたのです。

さらに、小さな自営のワイン輸入業者が続々と現れてきたこと、またインターネットによる販売が普及してきたことが、大量生産品ではない、伝統的なワインの普及を促進した、という一面もあります。

しかしその一方、ワイン市場の「主流」、つまり大資本を背景とした生産者の間では、ワインの味と価値についての評価基準、さらには、テイスティングの仕方といったようなことにまで及んでいる「グローバル・スタンダード」の価値観に沿って造られたワインが、相変わらず、もてはやされています。そして「ワイン評論家」によって決められた「国際基準」に従って、パリでもローマでもニューヨークでも、そして東京でも、同じやり方で、ワインが評価されているのです。

また、ワインの市場が国境を越えて広がって行く現象がさらに加速し、特に「ＢＲＩＣＳ」と呼ばれる新興国にまでそれが及ぶようになった現在、そうした、画一化された価値基準から見て「洗練された」ワインが賞賛される現象は、いまだ変わっていません。

もちろん、そうした傾向が全面的にネガティブなものだと言うつもりは私にもありません。

大規模な生産者の場合は、より広く、多くの人に好まれるワインやぶどうを造らなければならない事情もわかります。ただその結果として、土地の農村文化に根付いた、個性的なワインが軽視されるようになってしまうとすれば、それは問題です。また、カンティニエーレやボッテイリエーレと呼ばれた、古典的なワインのプロたちが担ってきた、上流階級の伝統的なワイン文化が消滅してしまったというのも、憂うべきことなのではないでしょうか。ワインの「グローバル・スタンダード化」が良い悪い以前に、イタリアのワインから、古い伝統文化の香りが消えて行くのだとしたら、それは非常に寂しいことです。

ですから私たちは、古くから伝えられてきたワインの味やワイン造りの手法を見直し、今、それを守って行こうとしている、小さくても良心的な生産者を応援し、イタリアワインの世界における「伝統回帰」の傾向を支援したいものだと思います。それは、重要な「文化遺産」と言っても過言ではありません。さらにつけ加えるなら、こうしたムーブメントは単にイタリアという国や、ワインというものに対してだけ有意義なのではなく、世界の「食と酒の文化」全体の行く末を考える場合にも、大いに示唆に富むものではないかと、私は思っています。

「有名な」ワインより「個性的な」ワインを

私が初めてワインというものを味見したのは、多分、まだ四歳ぐらいのころでした。そしてこれまでの人生、ずっとワインを飲み続けてきました。それでも、まだまだイタリアワインについては、わからないことだらけです。要するに、イタリアワインのすべてを「極めた」などとはとても言えない、ひよっこみたいなものだと自分で思っています。

だから、いまだに新しい発見があります。いつも新鮮な感動があります。そして、自分がイタリアワインについて、まだまだ究め尽くしていない無知な人間だということをうれしく思い、また、それを誇りにも思っているのです。なぜなら、それほどイタリアにはぶどうの種類が多く、そのおびただしい数のぶどうから生まれた、個性的で多様なワインが、あの半島の中には無数にあるということだからです。それこそが、イタリアワインの最大の魅力だと思います。

では、これほど豊かで多様なイタリアワインの世界で、本当に良いワイン、偉大なワイン、現代の、本当の意味での「ワインの貴族」とは、何でしょうか。値段が高いことでしょうか。まさか！　では、ガイドブックや、ワイン雑誌、有名ソムリエや、ワイン評論家が薦めているワインでしょうか？　いえいえ、まだ誰にも紹介されていない素晴らしいワインが、イタリアにはたくさんあります。

繰り返しますが、ワイン評論家やソムリエたちが紹介する「有名な」ワイン、高級ワインの多くは、グローバル・スタンダードの基準で選ばれた、「現代風に」洗練されたものです。それも良いでしょうが、これだけでは、各地方の風土や農村文化に根差した、多様で個性的なワインを見逃してしまいます。つまり、イタリアワインの最大の魅力を味わうことができないのです。

では本当に素晴らしいイタリアワインとは何か。簡単なことです。きちんと土地に根付き、ぶどうのことを熟知したお百姓さんの手で、情熱と、忍耐と、愛情をもって作られたぶどうから生まれたワイン全てです。産地やぶどうの種類、値段にかかわらず、本来、そういうワインはみんな「イタリアワインの貴族」と呼ばれる資格があるのだと思います。

そんなイタリアワインの、深くて大きな「森」を歩き回って、自分の好みに合ったワイン、好きな料理に合ったワインを見つけるためには、何をすれば良いのでしょうか。おびただしい数のぶどうやワインの名前を、いちいち覚えなくてはいけないのでしょうか？　ソムリエや、ワインの専門家になるつもりならともかく、普通のイタリアワインのファンに、そこまでの苦行を積む必要があるとは思いません。イタリアワインの「森」の歩き方については、もっと後の章で具体的なお話をするつもりですが、要は、実際に自分の舌で、多くのワインを味わってみなければ、何も始まらないのです。

そして、その際に最も大切なのは、とにかく、既成の「良いワイン」についての固定観念を離れて、自由になることです。ワインというのは、その土地の郷土料理とセットになって「兄弟」として生まれて来たのです。ですから、渋みも、酸味も、ボディも、すべてはそのワインが生まれた土地に根差し、食文化に根差しています。文化というものには、地方ごとに違いがあり、好き嫌いはともかくとして、優劣を論じることなどできないのと同様に「良いワイン」の基準も、ひとつではないはずです。ワインは、その土地の文化そのものなのですから。

単にイタリア料理がおしゃれだからという理由でイタリア料理を食べ、その延長でイタリアワインを飲む、という人には、私からあれこれと、うるさくお話をすることはありません。それはそれで良いでしょう。どうぞ「話題の」イタリアワインや「有名な」銘柄、高価で「高級」とされるものだけを試してみてください。

でも、この本を読んでいるあなたが、少しでもイタリアの食文化とワインについて興味があり、もうちょっと踏み込んで知りたいという好奇心を持っているのなら、従来の、ワインに関する常識や、今の流行、知名度といったものを離れて、もう少し広い視野で、いろいろなイタリアワインを味わってみてほしいと強く思います。その体験は、間違いなくあなたの人生を、今よりもずっと豊かにしてくれるはずだからです。

ファブリツィオのワイン日記④

二〇一三年　四月五日　東京にて

今日、横浜に住んでいるイタリア人の友達に、ちょっとしたプレゼントを送った。こんな手紙を添えて――。

親愛なるジョヴァンニへ。

このメッセージを添えた箱の中に、どんなものが入っているか、当ててみてごらん。それが一本の白ワインだ、ということだけは、すぐわかるはずだ。でも、それがどんなワインかは、きっと君の想像の範囲を超えていると、僕は確信するよ。

ちょっとヒントをあげよう。それは、すばらしいマルヴァジア種のワインだ。クロアチアの、イストリアのワインかな？　それとも、僕らの国のエミリア＝ロマーニャ産の「コッリ・ピアチェンティーニ」のマルヴァジアかな？　いやいや、そうじゃない。

正解は、東京の街中の「富ヶ谷産のマルヴァジア」なんだ！

……ていうのは冗談。実は、南イタリアの、カラーブリア産のマルヴァジアだ。僕はそれを、渋谷に近い富ヶ谷という所にある、安売りスーパーマーケットの『ハナマサ』で見つけた。

白ワインにはちょっとうるさい君でも、きっと気に入ると思う。ラベルだけ見て、びっくりしてはいけないよ。確かにちょっと怪しげなデザインだけど……でも肝心なのはボトルの中身だからね。飲んでみた後で、感想を聞かせてほしい。

君の健康を祈って！　ファブリツィオ

ＰＳ：もちろん、これだけの内容のマルヴァジアだからね、ちょっと、お値段は張ったよ……。なんと、五百円台だ！　君が「信じられない」って言うのは、わかる。でも本当にホントなんだ！　こういうことがあるから、イタリアのワインは面白いんだ！　君も、そう思うだろう？

第3章　ワインと郷土料理は「兄弟」として生まれて来た

かつての庶民の食卓

今、私たちは「このワインは、こういう料理と合わせると美味い」というような話を良くします。でも、イタリアのワインと伝統料理は、もともとそれが生まれて来た「土地」と分かちがたく結びついたものです。ですからこの二つの関係は、改めて「組み合わせる」までもなく、地方の風土と食文化の中から、「一緒に生まれて来た」ものだと言えるでしょう。

たとえばエミリア地方では、脂肪の多い豚肉料理やサラミをよく食べます。そういう料理を食べた後、この地方特産の、軽い発泡性のある赤ワイン「ランブルスコ」を飲むと、口の中がさっぱりと洗い流されて、とてもすっきりします。ランブルスコと「ザンポーネ」(豚足の中に詰め物をした煮込み料理)は、まさに相性ぴったり。ザンポーネに合うワインとしてランブルスコが生まれたのか、ランブルスコに合う料理としてザンポーネが生まれたのか……。それは誰にもわかりませんし、考えること自体、無意味でしょう。このふたつは、エミリアの風土と食文化に育まれ、一緒に生まれた「兄弟姉妹」のような関係にあるのですから。

同じように、ロンバルディア南部の農村では、昔から色々な種類のサラミをよく食べます。これらのサラミと、とても相性の良いワインのひとつが、地元で産する薄甘口の発泡性白ワイン「マルヴァジア」です。サラミを作る豚も、マルヴァジアを造るぶどうも、同じ土地で、同じ太陽に照らされ、同じ霧を吸って育った、同じ自然の恵みなのです。

そういうわけですから、イタリアワインのことをもう少し詳しく述べる前に、ワインと切っても切れない関係にある、イタリア料理の成り立ちと、かつてそれがどのようなものだったかということについて、ここで簡単に説明しておきたいと思います。

現在でも「典型的なイタリア料理」とはどういうものかというのを説明するのは、実はとても難しいことです。イタリアの各地方にはそれぞれ独特の食材と料理法があって、どれが標準的なのか、というのを決めつけることはとてもできません。それに、そもそも「イタリア料理」という名前や枠組み自体、今からおよそ百五十年ほど前、イタリアが国家として統一された後に生まれた、比較的新しいものなのです。

古代ローマ帝国が崩壊してから、十九世紀半ばに国の統一が始まるまで、イタリアは、たくさんの小さな国に分かれていました。そして千数百年の間、イタリアの中に分立する小国家の人々は、それぞれ違った食材を、違った調理法で食べていました。極端に言えば、ある町から隣の町に行くだけで、料理の様子ががらりと変わってしまうということもありました。

たとえば、十八世紀以前のイタリア料理は、今のものとは大分様子が違っていました。そもそもあのトマトだって、南アメリカが原産の植物です。十六世紀の大航海時代にアメリカ大陸からヨーロッパにもたらされたものですから、中世やルネサンスのイタリア人はその存在さえ知らなかったわけです。

そういう時代のイタリア料理がどんなものだったのか、いろいろ研究はされていますが、ここで詳しい説明は省きます。ただ、現在以上に、地方ごとの個性が強い料理だったのは間違いありません。

南北に細長く、ヨーロッパの中でも、特に変化に富んだ気候と地形に恵まれているイタリア半島は、食材の種類が豊富なことも特徴です。そしてそれぞれの地方で、地元特産の食材を使った、独自の料理がたくさん生まれてきました。

食用の油を例に取ってみましょう。イタリア料理に使う油というと、オリーブオイルをまず連想する人が多いかもしれません。でもイタリア料理でオリーブオイルが「主役」になったのは、比較的新しいことです。それまでは、ラルド(注8)=豚の脂肪のほか、様々な植物の種や、クルミなどの木の実から取った油など、もっと安価な油脂を料理に使うことの方がむしろ多かったのです。私の故郷ロンバルディアでは、なんといってもバターやラルドを使った料理が中心になります。これは、贅沢とかいったことでは、決してありません。畜産が盛んなこの地方では、これらが比較的簡単に手に入る油だったのです。そしてラルドと、新鮮な牛乳から作るバターが、ここではやっぱりいちばん美味しいのです。

私の故郷に限らず、それぞれの地方で、それぞれの風土が育てた特徴ある食材を、どうやって美味しく食べるか、ということからイタリアの料理は生まれ、発達してきました。そして、繰り返しますが、ワインもまた様々な郷土料理の「兄弟姉妹」として、その地方の気候風土と、独自の文化の中から生まれて来たものなのです。

それでは、十八世紀以前、イタリアの各地方の郷土料理の間には、全く何のつながりもなかったのでしょうか？　もちろんそうではありません。イタリアの各地方の間にも、およそ二千年にわたる政治的・文化的な交流があり、それが、食や酒にまつわる文化にも影響を及ぼして来ました。

また、忘れてはならないのは、統一国家としてのイタリアが、古代ローマ文化の中核をなしていた地域であるという事実です。イタリアの食文化の基盤をなすいくつかの要素、すなわち穀物＝パンを食べるということ、オリーブオイルを代表とする植物油を使うこと、また豆類と、土地に根差す野菜類を多用すること、そしてもちろん「ワインをたくさん飲む」こと！　これは古代ローマ時代から受け継がれている、この地域に共通する特徴です。

実際、イタリアの北、アルプスの麓に位置するヴェネト州から、南のシチリアに至るまで、実に広い範囲でオリーブオイルは作られていますし、またイタリアのすべての地域に、それこそ何百種ものパンが存在します。そして、おびただしい種類のぶどうとワインがあることも、先にご説明した通りです。

イタリアの食習慣には、カトリックの宗教的な影響も見られます。たとえば「粗末な食卓」を敢えて囲む、というものです。例として、金曜日や、復活祭前の「四旬節《しじゅんせつ》」など、宗教的に特別な意味を持った日には、家畜の肉や、時には魚まで、食べることを控える習慣がありました。また「断食」をすることになっている日もあります（これはイタリアだけでなく、宗教改革前のヨーロッパ全域にもあったものですが……）。

しかし全ての人が、カトリックの「食」に関する厳しい、そしてたくさんある「戒律」を、厳格に守っていたわけではありません。

また、宗教的な戒律以前の問題として、お百姓や都市労働者たちの多くが、普段は美味しいものや栄養豊富なものを、食べたくても食べられなかった、という事実もありました。それどころか、家に何も食べる物がない、ということさえあったのです。ですから彼らは、しばしば栄養失調に陥り、それが原因の様々な病気に苦しめられ、常に飢えと闘うことを強いられていました。

ですから、今、私たちが「お腹が空いた」と感じるのと、かつての一般庶民が「空腹だ」と感じていたのとは、決して同じことではありません。現代の、比較的裕福な国に暮らす人間の大半の人々にとっては、単にしばらく物を食べていないので、お腹の中が空になり「食べたい」という欲求を感じること、もしくは、食べることを楽しみたい気分になったことを「お腹が空いた」と言います。

それに対して、昔のイタリア（たぶん日本でもそうでしょう）のお百姓などが感じていた空腹というもの、そして今でも、世界中のたくさんの貧しい国の人々が感じているのは、それ以上食べないでいると生命の危険に陥る、という切羽詰まったものです。実際に、歴史を振り返ってみれば、イタリアに限らず、ヨーロッパの全土でしばしば飢饉が起き、そのせいで、おびただしい数の人たちが病気にかかり、あるいは餓死して来ました。ですから私たちは、ある意味、本当の「空腹」というものを知らないとも言えます。

かつてのイタリアで、多くの農民は肉を口にすることなどめったにありませんでした。北イタリアのロンバルディアを例にとれば、普段の彼らは、何カ月も、トウモロコシの粉や麦の粉から作った、ほんの少しのポレンタとワインだけ、という食事を続けていました。そしてしばしば、栄養失調が原因の風土病に悩まされていました。

こうした状況でしたから、今からは想像することも難しいでしょうが、ワインというのも、二十世紀の初めごろまでは、多くのお百姓や、都市の労働者階級の人々にとっては、本当に、貴重な「カロリー源」だったのです。そして、ほとんどすべての庶民たちが、ワインに求めた最優先のものは、「質」ではなくて「量」だったのです。

ファブリツィオのワイン日記⑤

一九六三年　五月十三日

三年二組　ファブリツィオ・グラッセッリ
作文「ぼくの日よう日」

日よう日は、マンマと、パパと、それからお姉さんと、おじいさんの家に、日よう日の昼食会に行きました。でも、きのうの昼食会は、とくべつなものでした。なぜなら、おばさんの、おたん生日のおいわいだったからです。

ぼくたちは、いつものとおり、朝十時ごろにおじいさんの家につきました。みんな、とてもきれいな洋ふくをきて、おしゃれでした。ぼくも、パパみたいにジャケットをきて、ネクタイをしめて行きました。

ぼくは、おじいさんの家の戸口を入ってすぐそこにある、ねずみ色の石でできた大かいだんを、おもいきりかけ上がりました。ぼくの足音といっしょに、マンマが「走っちゃだめよ。あぶないでしょ！」というこえが、大かいだんに、こだまみたいにわんわんひびいて、ちょっとおもしろかったです。

おじいさんの家についてドアをひらくと、まずつよいにおいがします。いろんな食べもののにおいです。おにくとか、いろんなものを大きなおなべでにこんで作った、だしじるの「ブロード」とか、野さいのにおいとかです。なん時間も前から、キッチンでおりょうりを作っていたにおいです。キッチンに入ると、おばあさんと、だれか知らない女の人が、一生けんめいにはたらいていました。ぼくは、何を作っているのか見たかったけれど、おばあさんが「ほら、あっち行って！　ここは子どものいるところじゃないよ！」といってぼくをおい出しました。ぼくはキッチンの中が大すきなので、すごくすごーく、ざんねんでした。

おじいさんに会うために、ろうかに出ると、そこにはものすごくたくさんの、ワインのびんが並んでいました。まるでこれからせんじょうに行こうとしている、兵たいみたいに、きれいに列になって並んでいました。

日よう日におじいさんの家で食べるのは、だいたいこんなものです。まずさいしょ、十一時ごろに、おとなたちが「アペリティーヴォの時間」といっている時になると、ゆげの立った、大きなお皿が出てきます。お皿の上には、ゆでたニワトリの「フラッタリエ」(注9)がのっています。これは、ブロードを作るときに使ったおにくです。小さいおにくの切れはしは、ぼくにはちょっと、あぶらっこすぎるのですけれど。あつあつのフラッタリエにはお塩をたっぷりかけて食べます。おとなたちは「これが白ワインにはさいこうに合うんだ！」と言います。

おとなの人たちがのんでいるのは、ほとんど、いっぱいあわの出る「フリッザンテ」か、少しあわの出る「モッソ」というしゅるいのワインです。おじいさんはぼくに、このワインは、パヴィアのあたりの丘で作られたぶどうから出来たものなんだ(注10)、と教えてくれました。フラッタリエのほかに、テーブルにはかりかりしたパンと、グラーナ・チーズ(注11)が乗っていて、食べたい人は、これをワインといっしょに食べます。

おひるの十二時ごろになると、みんながテーブルの前にすわって、さいてい二時間は、食べつづけて、飲みつづけます。さいしょは、いろんなしゅるいのサラミとソーセージが出てきます。それから、ぼくが大好きな、トルテッリーニ(注12)入りの、ブロードで作ったスープ。それと、山もりになったグラーナ・チーズ。

それが終わると、あぶりやきにしたキジやウサギのおにく。そしてたくさんのゆでた野さいと、ゆでたおにくが出てきます。それからぼくが楽しみにしている「モスタルダ・ディ・クレモーナ(注13)」が出ます。これをぼくは、いろんなチーズといっしょに食べます。クレッシェンツァとか、ゴルゴンゾーラ・ドルチェとか、プロヴォローネなどのチーズです(注14)。出てくるワインには、ラベルがはってあるのも、はってないのもあります。ワインはつぎからつぎへと、どんどん出てきます。さっき、ろうかにずらーっと並んでいたワインです。

おとなたちは、今年のぶどうのできはどうだったとか、あのせいじかはだめだとか、いいとか、いろんな話をします。でもけっきょくは、ワインとせいじのはなしばっかり。ぼくには、ぜんぜんつまんない！

　おとなたちは、その後もいろんなものを飲んだり食べたりします。でも、ぼくや、ほかの子どもたちは、ぜんぶは食べなくてもいいのです。そして、ぼくたちも、ワインをちょっとだけのませてもらえます。お水を入れて飲む子も、入れない子もいます。昼食会が半分ぐらいおわるころ、ぼくたち子どもは、大きな家の中のすきな所へ行って、あそんできていいよ、と言われます。

　そして、昼食会がおわるころになると「デザートの時間ですよ！」とだれかが呼ぶ声が、とおくで聞こえます。ぼくがいちばん楽しみにしていた時間です。タルトとか、ケーキとか、チョコレートとか、とにかくおいしいものが、いっぱい出てきます。へやの中には、おさとうと、カフェと、グラッパ（注15）のいいにおいがしています。

　おとなたちは、この時、グラッパを飲みながら、くだものをグラッパにつけたものを食べます。そして今年は、おじいさんがぼくにはじめて、グラッパにつけたさくらんぼを食べさせてくれました。すごくおいしかった！　でもおかあさんが「二つぶだけしか食べちゃダメよ！」といいました。とっても残念！

お食事会がおわりに近くなって、おとなたちが飲んだり、おしゃべりしたり、たばこをすったりしている間、ぼくは、ぼくだけのひみつの場所へ行きます。やねの上についている小さなとうです。そこからは、クレモーナの町の、ほとんどぜんぶの家のやねが見えます。それから、すごくたくさんの、ネコたち。五月のあたたかい日ざしの中で、お昼ねしていたネコたちです。ぼくは、さっきおじいさんが食べさせてくれた、グラッパづけのさくらんぼのせいで、耳のあたりがあつくなっていました。なんだかふしぎな、楽しい気分になってきました。とうの上の高いところで、ぼくは自分のそうぞうのせかいに入っていきました。並んでいる家のやねが、みんなみどりのおかで、ネコたちはぼくのお城をせめ落とそうとねらっている、きしたちです。そしてぼくは、それをげきたいしようとしている、ゆうしゃです。

そんな楽しいそうぞうをしていると、ぼくは、おとなたちがなぜお酒を飲むのか、わかったような気がしました。そうです。たぶんみんな、目の前にあるいやなことをわすれて、じぶんが見たいと思っていることを見たいから、お酒を飲むんです。ぼくもいつか、そんなおとなになるのかな。

かつて「メニュー」というものは存在しなかった

今、本格的なイタリア料理店に行ってメニューを開くと、まず最初に「前菜」（アンティパスト）が並んでいます。その後はパスタなどの「プリモピアット」を食べて、そしてメインディッシュとされる「セコンドピアット」が来ます。もしお腹に余裕があればチーズなどをとって、最後に「ドルチェ」（デザート）でしめる。これがいわゆる「メニュー」のスタンダードになっています。イタリア料理に限らず、フランス料理などでも、メニューの「型」というものは、だいたい決まっています。

しかし実際は、この「型」というものはそんなに古いものではありません。その原形は十七世紀から十八世紀にかけての、フランスの貴族やブルジョア階級の人々の食卓です。続いて、フランスで起こったホテル・レストランの文化が十九世紀に発展して来るのと共に、近代料理というものが確立し、ここで初めて「コース料理」のメニューの型というものが誕生したのです。

それがイタリアに渡り、アレンジされて、イタリア風の「コース料理」として一般に普及したのは、十九世紀の後半から二十世紀初めぐらいのことです。それ以前、伝統的なイタリアの食卓では、お皿の順番がはっきりしていなかったどころか、そもそも、コース料理という概念さえありませんでした。

よく「日本人にはイタリア料理のオーダーの仕方を知らない人が多い。ピッツァを食べてからパスタを食べたり、スパゲティを食べながら一緒に生ハムをつついたりしている。コースの順番も何もあったもんじゃない」などと言う人がいますが、実は、もともとイタリア料理には、そんな厳密な決まりはなかったわけです。もちろん、美味しくない組み合わせや、消化に良くない食べ合わせというものもあるわけですから、何も考えずにめちゃくちゃな食べ方をするのが良いとは思いません。たとえば、「乾燥パスタ料理とピッツァ」といった、炭水化物に脂肪を加えた料理を同時に食べるのは、胃に負担がかかり、ちょっと問題があります。ただ、自分の好みや都合を踏まえた上で、理にかなったやり方でコース料理の「型」を外してオーダーするのなら、文句を言う筋合いではないと、私は思います。

日本人には、カロリーたっぷりのパスタなどプリモピアットを食べた後で、さらに脂っこい肉料理を食べるのは、ちょっときついと言う人がいます。そして、それでもコースの「作法」にのっとって食べなければいけないのか、と訊かれることがあります。そんなことはありません。小食な人に、無理やりプリモだ、セコンドだ、と押し付けるなんて、ほとんど暴力じゃないですか。楽しく食べられず、むしろ苦痛で、体にまで悪い食事をする必要が、どこにあるのでしょう。食事の「決まり」の方に人間が合わせなければならないなんて、そんなバカな話があるわけがありません。

当然ながら、庶民の普段の食事が、現在イタリアンレストランで食べるような定番コースにのっとったものではないことは、昔も今も変わりません。かつての農家では、そこそこ余裕がある家の食事でも、たとえば具だくさんの野菜スープ、ミネストローネに、パン、チーズで終わりとか、大体そんなものでした。そしてどこの地方のどの家庭でも、食事に欠かせなかったのが、大量のワインです。前にもお話ししたように、かつての庶民にとってワインは、貧しい食卓を補い、お腹を満たすためにいちばん手軽な「食べ物」のひとつだったからです。

ちなみに、「ワイン趣味」が盛んな現在では、ワインに混ぜ物をして飲むということは、スペインのサングリアなどは例外として、ほとんどタブーのようになっています。しかしかつてはそうではありませんでした。古代からの伝統として、ワインに様々なスパイスや、はちみつなどを混ぜて飲むということが、しばしば行われていたのです。

いずれにしても、本当に「フォーマル」な晩餐会や、午餐会の席を除けば、イタリア料理を食べる時に、どうしてもメニューの「型」を守らなければいけない、という硬直した考え方をする必要はないのです。料理の種類や順番を決めるとき、決まりきった型や先入観を乗り越えてみるのは、そんなに悪いことではないと思います。同じことが、ワインと食事の合わせ方についても言えます。

白ワインには「必ず」魚料理を合わせなければいけないのでしょうか？　いいえ。それは、ワインの性格や、魚の種類、料理法によって変わります。辛口で、アロマのそれほど強くないフレッシュな白ワインは、間違いなく、グリルしたシンプルな魚に合います。もしくは、調味料や他の具材をあまりたくさん使っていない、強い味の、または鉄味のする魚料理や、カニ、エビなど甲殻類の料理に合います。

一方同じ白ワインでも、アロマの強いものや、あまり辛口でないもの、もしくは完全に甘口のものは、むしろサラミの類や、チーズ、とくに熟成の進んだチーズに良く合います。とくに熟成の進んだチーズなどは、多くの赤ワインの味を損なってしまうことがあるので、こうした種類の白ワインを合わせるのが良いのです。

こんなふうに、かつてのイタリア料理のありさまを考えてみれば、料理もワインも、もっと自由に、常識にとらわれずに楽しんで良いと思うのです。しかし、だからといって我流の勘違いばかり、いつまでも続けているのも困りもの。大切なのは、いつも好奇心を持ち、常に研究と実地の体験を重ねていくことです。面倒くさいなどと言っていてはいけませんよ。おいしいものを食べたり飲んだりしたい人には、やはり好奇心と、少しばかりの努力が必要です。そうすれば、ワインを含めたイタリアの「食」の楽しみは、あなたの前に無限に広がっていくことでしょう。

最後に、ひとつ付け加えておきたいことがあります。それは、第二次大戦後、とりわけ一九七〇年代から現在までに、イタリア人の食卓、飲んだり食べたりすることに関する習慣は、とても大きく変わってしまったということです。たとえば、あまり知られていないことかもしれませんが、イタリアでは若者のワインの消費量がどんどん減ってきています。その代わりに、これはアングロサクソンの国の影響だと思いますが、その他の、食事時以外にも飲まれるアルコール飲料（非常に強いリキュール類も含まれます）の消費が増えています。逆に、アングロサクソン系の国では、ワインの消費量が、若い人たちを含めて、増え続けているという実情があります。

いずれにしても、イタリアの「マンマ」や「おばあさん」たちが、キッチンで長い時間を過ごしていたような時代は、少なくとも中・北部イタリアでは終わってしまいました。そして、もし今はまだそうでなくても、南イタリアでも、もうじき同じようになることは、確実だと思われます。

ファブリツィオのワイン日記⑥

二〇一三年　六月十日　ミラノにて

今ミラノに来ている僕は、いつも見ているSNSの中に、友達がこんな書き込みをしているのを見つけてしまった。残念ながら、全ての食べ物が「出来あい」のものばかりだ。いかにも「今どきのイタリア人夫婦」という感じなんだけれど……。

ジョヴァンナより「夕食会について緊急連絡！」
ジュリオ、今度の日曜日、ファブリツィオとアレッサンドラが、夕食に来るのを覚えてた？ ここに、お買い物のリストを書いておくから、帰りにエッセルンガ(注16)に寄って、買って来てくれない？ 私は、時間がなくて行かれないから。お願い！ 愛してるわ！
●手長エビのサラダ（デリカテッセンのコーナーにあります）。
●冷凍の「アサリとポルチーニきのこのニョッキ」。できれば「フィンドゥス(注17)」のを。
●スシのパック（白いお魚の）。
●グリーンサラダ・ミックス（大きい方の袋入りの）。
生ハムと、薄切りのサラミと、パンは要らないわ。もしグリッシーニを買うのなら脂肪抜きのやつをお願いね。それ以外は、私が用意します。

あ、それからスシを食べる時のために、日本茶のティーバッグをひと箱と、あとみんなが飲んで足りる分の、プロセッコも買ってきて！

BACI…BACI…BACI(注18)

《注釈》
（注8）ラルド（lardo）は、豚の背中などから取る食用の油脂。これを塩漬けにしたものを陰干しに、ある

いは燻製にした「ラルド」または「ラルドーネ」と呼ばれる伝統的な食品もある。
(注9) フラッタリエ (frattaglie) は、ブロードを煮こんで作った後に残る、鶏ガラを使った料理。砂肝などの内臓やくず肉が中心。足の先の皮をむいたものは、キッチンで働く人たちが食べる、密かな楽しみだった。
(注10) パヴィアの町の周辺で採れるぶどうから造ったワインといえば、いくつかの種類がある「オルトレポー・パヴェーゼ」の仲間が有名。
(注11) グラーナ・チーズ (grana) は、牛乳から作った、硬質チーズ。ロンバルディア州などが産地の「グラーナ・パダーノ」や、エミリア産の「パルミジャーノ・レッジャーノ」などがある。
(注12) トルテッリーニ (tortellini) は、ひき肉や野菜などを中に詰めた、小さな指輪型のパスタ。
(注13) モスタルダ・ディ・クレモーナ (mostarda di Cremona) は、ロンバルディアのクレモーナ周辺で食べられる、からしを溶かした甘辛いシロップに色々な季節のフルーツを漬け込んだもの。現在のものは、かなり甘口の、デザートの一種になっているが、かつての家庭料理としてのモスタルダには、かなり辛みの強いものも多かった。
(注14) クレッシェンツァ (crescenza) は、ロンバルディア地方産の、クリーム状で甘いチーズ。ゴルゴンゾーラ・ドルチェ (gorgonzola dolce) は、北イタリア特産のブルーチーズの、熟成がまだあまり進んでいないマイルドな味のもの。プロヴォローネ (provolone) は、牛乳から作った硬質、または半硬質のチーズ。
(注15) グラッパ (grappa) は、ワインを造るときの、ぶどうの搾りかすから造った、アルコール度数の高い蒸留酒。

（注16）エッセルンガ（Esselunga）は、イタリア最大の、スーパーマーケットチェーン。
（注17）フィンドゥス（Findus）は、欧州の有名な冷凍食品メーカー。
（注18）イタリア語の「キス」。

第4章　ワインの「グローバル化」と巨大金融資本の暗躍

「グローバルな飲み物」になったワイン

現在、私たちが「良いワイン」と考えているようなタイプのワインは、フランスで起こった、ぶどう栽培とワイン醸造に関する新しい技術革新によって出来たものです。その革新の大本は十九世紀にフランスで進行した、ホテル、レストラン文化の発展でした。この時代に近代的なフランス料理というものが確立し、それとセットになって、近代フランスのブルジョアたちの好みに合った「近代的なワイン」というものが誕生しました。その後もフランスでは、十九世紀から二十世紀にかけて、ぶどう栽培とワイン醸造の技術を洗練し、合理化する努力が続けられ、ボルドーやブルゴーニュなどの有名産地が、その地位を確固たるものにしました。そして、このぶどう作りとワイン造りについての技術革新は、二十世紀の半ばごろから世界各地のぶどう栽培農家、ワイン醸造業者にも取り入れられて、一種の「グローバル・スタンダード」となっていったのです。

二十世紀を通じて、そしてある意味現在でも、フランスという一つの国のワインの造り方が世界のワイン造りのありかたに影響を与えてきた、ということそのものは、それほど不思議なことでも、おかしなことでもありません。ぶどうの栽培とワイン造りについて言えば、むしろその起源から、ある意味ずっと「グローバル化」され続けてきた歴史がある、ともいえるからです。それは、国境を越えた、人々の移住・移動と、軍事的な征服によって促されてきたものです。

イタリアについて言えば、ぶどうの栽培と、ワイン醸造の技術が伝わってきたのは、少なくとも紀元前一千年以上前だと言われています。伝説によれば、「エノートリ」という民族が海を渡ってやって来て、今のカラーブリアの、イオニア海沿岸に住み始めたのがその起源とも言われています。この「エノートリ」と呼ばれる伝説上の人々がそれ以前に住んでいた地域は、ギリシャかバルカン半島のどこかであると言われています。さらに、そのルーツをたどれば、中東から中央アジアにまで至るともされています。しかし、その古い伝説の闇に分け入って、ぶどう栽培とワイン醸造の正確な起源を探し求めることに、あまり意味はないでしょう。

それより重要なことは、古代に完成された「ワイン文化」と呼ぶべきものが、紀元前三世紀にはまだ共和政だったローマの、軍事的な拡大に伴って、イタリア半島から、北アフリカへ、西アジアへ、イベリア半島（現在のスペイン）へ、ガリア（現在のフランスなど）へ、そしてアドリア海の東海岸へと普及して行った、という歴史的事実です。

つまりワインは、いわゆる「旧世界」の西部において、紀元前五〇年ごろ、カエサルの時代には既に「グローバルに消費される製品」になっていた、と言えるのです。

こうした状況で、どの民族がワインを最初に造り始めたのか、どこがワインの起源と言える場所なのか、というのを特定するのは、非常に難しく、また無意味なことだといえます。ただひとつ、はっきりと言えるのは、イタリアと、フランスと、スペインと、そしてもちろんギリシャ、さらには黒海沿岸の、ルーマニアやブルガリア、また、アルメニアといった国々が、ワイン造りにおいて最も古い伝統を持つ国々である、ということだけです。

一方、アメリカやオーストラリアといった「ワイン新興国」にワイン文化が伝わったのは、ヨーロッパの「ワイン先進国」からの移民のおかげでした。チリやアルゼンチンでワインが造られるようになったのも、大航海時代にスペインの植民地となったことが始まりです。

その後十九世紀のフランスで起きた、ワイン醸造に関する技術革新と、ある意味での「画一化」は、地球規模での植民地主義に促され、フランスの（そして一部はイギリスの）ブルジョア階級によって形作られた「ワイン市場」の要請によって、引き起こされたものです。そして、そこで作られた「基準」が、現在のワイン造りに大きな影響を与え、世界中の、それこそ南アフリカから日本に至るまで、そして最近では中国にまで及んでいる、現代のワインに関する、一種の「流行」の源なのです。

こうして、ぶどう作りとワイン醸造の方法は、本当に「グローバル」なものになりました。ただここで問題なのは、ワインの「美味しさの基準」までが「グローバル化」されてしまったということです。この問題に関しては、アメリカという国の影響を無視することはできません。

ここ三十年ほどの間に「美味しい」「価値がある」とされるワインの味は、主に、アメリカ人の好みに合わせて大きく変わり、ある種、良いワインの「グローバル・スタンダード」とされるようになったからです。

一方、イタリアではどうだったでしょう。つまり、ワイン造りでは、世界で最も長い伝統を持ち、その間、少なくとも三千年以上の間、一度も途切れることなく、ワインを造ってきた国では、その間どのようなことが起きていたか、ということです。

南北に細長く、複雑な地形をしたイタリアでは、気候風土も、土壌の質も、実に多様です。この国では、海抜二千メートル以下の、ありとあらゆる場所で、数千年に渡ってぶどうが栽培されてきました。そしてその多様な生産地から、実に多様なワインが造られてきました。

私が、ワインの味の決め手となるものが何か、について、イタリアの年取ったぶどう農家のお百姓さんから繰り返し聞かされてきた話は、「一に土、二に土、三に土」というものです。

イタリアワインについて相当の経験と知識を持った人なら、トスカーナのワインと、アルト・アディジェ産のワインと、ピエモンテのワインを識別することができるでしょう。それぞれに、特有の芳香と味わいを持っているからです。たとえ同じぶどうを使ってワインを造ったとしても、生産された州が違えば、いや、同じ州の中でも県が違えば、もっと言えば、同じ県でも町や村が違えば、そして畑が違えば、ワインは別のものになります。つまりワインの特徴は、そのワインのぶどうが作られた、土地の質の違いによって決まるのです。

そしてイタリア国内では、今のところ、少なくとも三百三十五種類もの、土着のぶどう品種が確認されています。これは間違いなく、世界一の数です。そしてこの数は、遺伝学的な研究が進み、もう栽培されなくなって、絶滅した古いぶどうの樹を、クローン技術によって復活させることまで可能になった今（それが良いことか悪いことかは別として）、さらにその数を増やして行くことでしょう。

今から二十年、三十年前までのイタリアの様子を知らない人には驚きかもしれませんが、ミラノのような大都会でさえ、家の壁が、ぶどうのつるで（蔦ではなく！）覆われているのは、珍しくないことでした。そして古い建物の中庭にぶどうが繁茂しているのも、当たり前のことでした。イタリアでは、ぶどうというものは、それほど当たり前に、その辺に生えている植物だったのです。冗談で「ベッドの下からも、ぶどうが生えてくる土地」と言われていたぐらいです。そうして、イタリア各地にあった膨大な種類のぶどうから、それぞれ個性的なワインが造られてきました。歴史の中で、一貫して、これほど「ぶどうとワイン」に祝福されてきた国は、世界中どこを探しても、他にないのではないかと思います。

ファブリツィオのワイン日記⑦

一九六七年　二月二十二日　ミラノにて

今日は、ちょっと面白い出来事があった。

僕が学校から帰って来ると、家には誰もいなかった。母さんは、僕らの住んでいる通りの奥にできた、新しいスーパーマーケットへ買い物に行っていた。姉さんは、友達の誰かの家に遊びに行っているに違いなかった。姉さんたちがすることといえば、いつも同じ。好きなレコードを聴いて……そして、しゃべることの内容は、どうせ、彼女たちの一番の関心事、「男の子の話」に決まってる！

母さんが家に帰ってきたとき、僕はテレビを見ていたのだけれど、居間に入って来た母さんは、妙にうれしそうだった。そして僕を見つけると、満面の笑顔でこう言った。

「今日から、うちの家族も『現代風』の一家の仲間入りよ！」

そう言いながら母さんが開いて見せたスーパーの袋の中には『フィンドゥス』の冷凍メルルーサの切り身が入っていた……え、冷凍食品だって？

とても信じられることじゃなかった。絶対の確信を持って言えるけれど、うちの食生活は、とても古風なものだ。僕に言わせれば、古風すぎる。僕らは、ほとんど一世紀前の食事をしているんじゃないか、と思える。それが僕と姉さんの、いつもの文句の種であるくらいだ。それが突然、冷凍食品だって？　母さんの頭がどうかしてしまったんじゃないかと、僕は本気で心配した。

「今日は、メルルーサのフライを作りますからね！」と母さんは言った。「ただし、このことは父さんには内緒よ。父さんが、このメルルーサが冷凍食品なのに気付くかどうか、試してみましょう。わかった？」

「うん、わかったよ母さん」

母さんの言うことには、とりあえず「はい」と答えておくのが無難なことぐらい、僕はとっくに学習している。

そして、夕食の少し前、父さんが仕事から帰ってきた。僕たち家族は全員、父さんが何かに怒っているのに気が付いた。扉を開けて、まだ玄関先にいるうちから、大きな声で話し始めるとき、そしてコートも上着も脱がずに居間に入って来るとき、父さんはいつも怒っているんだ。

居間に入ると父さんは、テーブルに共産党系の新聞『ルニタ』を、叩きつけるように置いた。家では、普段は『コリエーレ・デッラ・セーラ』[注19]を読んでいるんだけれど、父さんは、個人的に何か興味のあることが起きたとき、必ず『ルニタ』を買ってくる。そしてこう言う。

「大事なことについては、別の観点から書かれたオピニオンを見ておかなきゃならん。なぜなら、片方はブルジョアの新聞で、もう片方は労働者階級の新聞だからな。そして真実はきっとその二つの間にあるんだ」

今晩も、父さんにとって何か「大事なこと」があったのだろう。

「全く何てことだ！　ちょっと聞きなさい！」

母さんは、聞こえなかったふりをして、キッチンで夕食の仕度を続けている。大人はずるい。仕方なく僕と姉さんが、父さんの話を「聞くふり」をしなきゃいけない羽目になった。父さんは、大声で新聞を読みながら言った。

「見出しにこう書いてある。『美味しいワイン・フェラーリ』事件で、新たな逮捕者――カラビニエーリ(注20)によって明らかになった衝撃的な事実！　中を読むぞ。二万五千本のバルベーラと、バルドリーノ、ランブルスコ(注21)が、押収された。ラベルには『ムグッザーノ・デル・ガルダ(注22)』と書いてあった。しかし実際はこれらのすべてが、サレルノ県(注23)のスカファーティという町の工場で造られていたことがわかった。その他にも、たくさんの『フェラーリ・ワイン』が、アレッサンドリア(注24)と、ジェノヴァ港で押収された……」

そこまで読んでから、父さんは僕たちの方を見て、言った。

「お前たち、この悪党どもが何をしていたか、わかるか？　奴らは、大衆に毒を飲ませていたんだ！　なんてひどい話だ。全く、信じられん！　工業製品のワインだなんて！　いったい、どうやったら『工場』なんかでワインが造れるんだ？　ワインというのは、大地の恵みのはずなのに……」

父さんの「怒りの演説」は、その後、たっぷり二十分間は続いた。僕と姉さんは、いい加減うんざりしていた。でも幸いなことに母さんが、夕食が用意できたことを告げに来てくれた。

食卓に着くと父さんは、すぐにテーブルの上にあった白ワインを取り上げて、それが誰の手で、どこの畑で、どんなぶどうから造られたものかを、説明した。そして「工場」で生産されるようになったワインのこと、ついでに同じようなやり方で作られている食べ物のことを嘆き始めた。でも、ある瞬間、文句を言い続けていた父さんの大声が、止まった。そして父さんは言った。

「いや、しかしこのフライは美味いな。このメルルーサは、ほんとに素晴らしいぞ！」

僕と母さんは、一瞬、お互いに目くばせをした。でもそのフライが「実は冷凍食品でした」という種明かしを父さんにする勇気は、母さんにも僕にもなかった。やれやれ！

イタリアワイン「暗黒の時代」

第二次大戦後の一九五〇年代から六〇年代、さらに七〇年代にかけて、大きな変化の波が、イタリアの農家に訪れました。この国の社会や産業の仕組みが大きく変わり、田舎の農家で生まれた人のほとんどが家業を継ぐ、という時代が終わったのです。これは日本など、他の経済先進国でもあったことでしょうが、多くの農家の後継ぎが都会に出て働くようになりました。そして、父親はぶどう作りとワイン造りの名人でも、息子は、農業のことやワインのことなど何も知らない、ということが、普通にある時代になりました。こうして、イタリアの農村から、伝統的なぶどう作りとワイン造りの技術がどんどん失われていきました。長靴型の半島と、それをとりまく島々に、数千年の時間をかけて根付いてきた「ワイン文化」そのものが、消滅の危機に瀕したのです。

ぶどう作りやワイン造りに関わる、様々な習慣や言い伝えについても同様です。第1章でもお話しした、ワインの仕込み時期と月の満ち欠けの関係といった、ちょっと迷信じみた（？）ものも含めて、ぶどうとワインに関する様々な伝統が、一九六〇〜七〇年代の、この変化の波にのまれて消えて行きました。ぶどうの収穫はこの聖人の祭日が良いとか、ぶどうの樹は木曜日に植えるのが良いとか、剪定は金曜日にするのがベストだとか、言い伝えの内容は、地方により、またその家によってもまちまちだったことでしょうが、そうしたことのすべてが、ほとんど忘れ去られて行ったのです。そして一九六〇年代から、農村に伝えられていたワイン文化が消えて行き、ワインと土地との関係が希薄になってくると、人々のワインに対する考え方も変わってきました。

イタリアの高度経済成長は、日本にも同じ現象が起きていたのと時代的にほぼ重なります。そのころになるとイタリアのワインは、家族経営で、職人的な仕事で造られていたものから、工業的に、大量生産されるものへと変化しました。テレビでもワインのCMが盛んに流れるようになりました。当然、これは一般的に飲まれていたワインの質を著しく落としました。

もっと正確に言えば、こういうことです。それまでのイタリア人は、何百年もの間、自分が飲んでいるワインがどんなものか良く知っていました。なぜなら昔のワインは、飲む人が生活している場所で造られ、ボトリングされたものだったからです。しかし、高度経済成長以降は、皆が、それがイタリアのどの地域で、どのように造られ、ボトリングされたものかわからないものを、そして中に何が入っているのかさえよくわからないワインを飲み始めるようになったのです。

比較的「まし」なケースでも、そうした大量生産品のワインは、イタリアのあちこちの場所から運ばれてきたワインを混ぜ合わせた、一種の漠然とした「ワイン」でした。そして二リットルの大びんに詰められて、スーパーマーケットなどの店頭に並んだのです。ラベルには、「バルベーラ・ダルバ」とか「ヴァルポリチェッラ」などと書かれているにもかかわらず、です。

でも、もっとひどいケースでは、様々な薬品や、人工香料をワインの中に入れて、人為的に味をつけて売っているようなことさえあったのです。

残念ながら、こうしたワインは、イタリア国内だけでなく、ヨーロッパ各地や、アメリカなどの遠い外国にまで輸出されて、飲まれました。その結果、この時代のイタリアワインの評判を、著しく落とす結果になったのです。これはまさに、イタリアワインの「暗黒時代」とも言うべき時期でした。

そうした状況のもとで、一九六七年、イタリアワインの歴史の中で、最もスキャンダラスで、センセーショナルな事件が起きました。先ほどの「日記」にも出てきた「美味しいワイン・フェラーリ事件」です。フェラーリは、当時のイタリアで、最も大きな「工業製品的」ワインを造っていた会社の一つです――誤解のないように付け加えておきますが、このフェラーリ社は、現在トレンティーノ＝アルト・アディジェ州で、非常にすばらしいスプマンテ（発泡ワイン）を作っている「フェラーリ社」とは（もちろん自動車のフェラーリとも）何の関係もありません――。

この（昔の）フェラーリ社は「美味しいワイン・フェラーリを飲もう！」という宣伝文句のもとに行われた積極的な広告キャンペーンで、イタリア中に、その名を知られるようになっていました。

そして、「美味しいワイン・フェラーリ」の実態が明らかになったとき、フェラーリ社はそのワインの中に、バラやオレンジの人工香料まで混ぜていたことがわかりました。もちろんこれは違法行為です。また、彼らの「バルドリーノ」は、それが生産されているはずの北イタリア・ヴェローナ県ではなく、南イタリア・カンパーニア州の、サレルノ近郊で作られたぶどうを使って造られていたこともわかりました。それだけではありません。例えばトスカーナ産であるはずのフェラーリのワインが、シチリア州やプーリア州で造られたワインに、人工香料を加えたものだったりもしました。

しかし、イタリアには「不幸も何かの役に立つ」ということわざがあります。つまり、ネガティブに思えることの全てが、最終的にネガティブな結果に終わるとは限らない、ということです。

そして「フェラーリ事件」や、その前後に他のいくつかの会社が起こした事件が、政府や行政機関に、イタリアワインの質を守り、同時に消費者の健康を守るための、ワインに関する、もっと厳しい法律を作らなければいけない時期が来ている、ということを知らしめることになりました。そして、イタリアで「D.O.C.（Denominazione di Origine Controllata=原産地統制呼称）」法というものが成立するに至ったのです。これはフランスの「A.O.C.」規定を参考にしたものでした。そして一九六六年、イタリアで最初の原産地統制呼称ワイン「ヴェルナッチャ・ディ・サン・ジミニャーノ」が誕生したのです。

七〇年代になると、イタリア人もまた、かつてのように伝統的、職人的な技法で造られたワインを選ぶようになってきました。そして多くの生産者も、新しいワイン醸造技術を取り入れつつ、伝統的な手法でワインを造る、という方向に転換していきました。

こうして、八〇年代以降の、イタリアワインの世界における「革命」が始まりました。そして再び、イタリアの「素晴らしいワイン」が、世界に輸出されるようになりました。これは、一種の「奇跡」と言っても、大げさではないことだったと思います。そう、イタリアは昔から「奇跡の国」と呼ばれてきたのですから。

イタリアワインの「ルネサンス」

イタリアはこれまで、しばしば外国の侵略を受けてきました。また、すさまじい疫病や天災に見舞われてきました。そうして人々は、政治的、経済的、社会的に壊滅的な状況を経験しながら、そのたびに奇跡的な復活を遂げ、不死鳥のように蘇ってきました。だから先ほども述べたように「イタリアは奇跡の国」なのです。

一九八〇年代に、イタリアではワインの世界にも「奇跡」が起きました。そして、その長い伝統と、古い「ワイン文化」が復興する、まさしく、イタリアワインの「ルネサンス」というべき時代がやってきたのです。芸術・学問における「ルネサンス」の時代がそうであったのと同じように、イタリアワインの世界の「ルネサンス」もまた「改革者」というべき人たちの、大変な苦労と、斬新なアイディアによってもたらされたものでした。

しかし、この「ルネサンス」については、六〇年代の終わりから、七〇年代にかけて、既にその準備ともいうべき仕事が、一部の人によって始められていました。一部のジャーナリストや知識人の間で、伝統的な食文化やワイン文化を再発見しようという動きが起きたのです。

たとえば、戦後の早い時期からイタリアワインの解説本を書いていた、有名なワイン評論家・料理評論家でジャーナリストの、ルイージ・ヴェロネッリの仕事などがその口火を切っていました（残念ながら、イタリア以外の国では、ほとんど知られていないのですが）。

また、イタリアのワインと料理の世界に「ルネサンス」をもたらす働きをした、テレビ番組があります。「午後7時のテーブル」という番組で、私は毎回、母と一緒に、楽しみに見ていました。これはイタリアの「食」と「ワイン」に関する文化と伝統を再発見することを試みた、最初の番組でした。この番組を制作していたのは、マリオ・ソルダーティ[注25]という作家でした。彼はイタリアのワインの他に、伝統的な食材とその調理法について研究を重ね、その分野ではまさしく、エキスパートと呼べる人物でした。

ヴェロネッリやソルダーティのような人々の業績が、イタリアのワイン文化と食文化の世界に訪れた「ルネサンス」に、大きく貢献したことは間違いありません。それは、食文化の工業化、グローバル化に対する、一種の抵抗運動の始まりでした。

こうした人々の仕事のおかげで、イタリアの食とワインの世界に大きな変化が起き、やがてそれは、世界的に有名なムーブメントへとつながって行きました。「スローフード運動[(注26)]」と「ガンベロ・ロッソ[(注27)]」、そして、もっと最近のもので言えば「イータリー[(注28)]」といったものです。ただこれらのムーブメントは、私から見ると、近年少し「商業化」の傾向が行きすぎているように思われて、残念なのですが……。

イタリアワインの「ルネサンス」について触れるならば、まずはピエモンテに現れ、続いてトスカーナにも出てきた、いくつかの革新的生産者についてお話ししなければなりません。彼らは八〇年代には既に、ワインのマーケットの基準となっている場所がアメリカ合衆国であるということに気づいていました。そして、それをターゲットにして、イタリアの「良質なワイン」の造り方を、ラディカルなやり方で変え始めたのです。

そして、彼らは「熱狂的」と言っても言い過ぎではないくらいの勢いで「インターナショナルな」ぶどうを導入し、それを、伝統的なイタリアのぶどうと混ぜ合わせてワインを造る、ということを始めました。その結果、ピエモンテもトスカーナも、「小さなカリフォルニア」とも言えるような場所に、一時期、なりつつありました。

最近になって、これらの地域でも本当に優秀な生産者は、先に挙げた、イタリアのお百姓の間で語られていた、良いぶどうと良いワインを造る秘訣「一に土、二に土、三に土」という、原点に回帰する傾向にあります。しかしイタリアワインの「国際化」が進行していた時代には、多くのイタリアの生産者たちは、アメリカという大市場の「好み」と、その要請に、ただ順応するという、いささか安易な道を取ってしまっていたのです。

ワイン造りの世界における、技術的な「変化」は、かなり急速なものでした。たとえばカリフォルニアでは「バリック」と呼ばれる新品のオークの小樽で熟成し、樽の香りをつけるやりかた、ステンレスタンクの使用、柔らかい構造の搾り機、ぶどうの茎を自動的に取り除く機械などといったものが、いち早く取り入れられました。こうしたものは、昔のぶどう栽培者や、ワイン醸造者の、職人的で、あまり科学的ではないとされた手法を「革新した」ものでした。

イタリアでいち早くこうした手法を取り入れた生産者の一つが、アンジェロ・ガヤでした。ガヤは、こうした新しい技法で、それまで一部の人からは「無愛想な」とも称されていたバルバレスコの性質を変えて、世界的な成功を収めました。次に、アンティノーリ社がこれに続きました。彼らが造り出したワイン「ソライア」は爆発的な人気となり、その後「スーパー・タスカン」と呼ばれるようになった、新しいトスカーナワインの先駆けとして、熱狂的ともいえる「マニア」を生み出したのです。このブームは、同じトスカーナの有名な生産者「テヌータ・サン・グイード」も巻き込みました。この会社は、トスカーナの地元のぶどうを全く使わず、八五%をカベルネ・ソーヴィニオン、一五%をカベルネ・フランで造ったワイン「サッシカイア」を世に送り出しました。実際には「サッシカイア」は、一九四四年から造られていたワインでした。ただし「スーパー・タスカン」ブームに乗る前は、マリオ・インチーザ・デッラ・ロッケッタ侯爵一族のためにだけ、造られていたワインでした。ちなみに、このロッケッタ一族は、ワイン好きならば誰でも知っている、フランスの高級ワイン「シャトー・ラフィット・ロートシルト」の熱烈な愛好家であり、さらにはその生産者一族の一人であったエリー・ド・ロッチルドと、友人関係にありました。

新しい「サッシカイア」の最初の一本が売り出されたのは、一九六八年のことでした。それは「ワイン・ルネサンス」現象が生み出した「新イタリアワインのシンボル」でありながら、フランス原産のぶどうだけを使い、カリフォルニア発祥の醸造技術によって造られたという、ある意味矛盾した性格を持ったワインだったのです。

この流行現象については、当然ながらマスメディアも重要な役割を果たしました。イタリア国内では「ガンベロ・ロッソ」のようなワインガイドブックが「新しいワイン」の紹介に大きく貢献しましたし、アメリカをはじめとするインターナショナルなレベルでは、「ワイン・スペクテーター」のようなワイン本がその役目を担いました。同時にこの流行に乗って「ワインの専門家」と言われる人々が、新たに「誕生」してきました。たとえば、ロバート・パーカーのような人々が、インターナショナルなワインの価値を決める「皇帝」のような立場の人物として、もてはやされるようになりました。また「ソムリエ」と呼ばれる人々も、まるでワインの世界の「兵士の軍団」のようにどんどん増殖して、この世界的な「ワインブーム」を作り上げるのに貢献しました。こうして、いわゆる「ワイン情報産業」というものが誕生してきたわけですが、それはここ三十年ほどの間に起きた、比較的新しい現象なのです。

そしてイタリアでも、大きな生産者も、小さな生産者も、北はアルプスの麓から、南はシチリアに至るまで、それに便乗するか、逆らおうとするかにかかわらず、「ワインのグローバル・マーケット」という巨大な蜃気楼に、巻き込まれる状況になったのです。

これは全くネガティブな現象なのでしょうか？　ポジティブな側面もあるのでしょうか？　ここでじっくり考えてみることにしましょう。

ワインの「グローバル化」は全くネガティブな現象か？

最初に言ってしまえば、その問いへの答えは「ノー」です。

何より先に私たちは、イタリア、フランス、スペイン、ギリシャといった、ワインの生産については最も古い歴史を持つ地域について見ても、国境を越えた「ワイン市場」というものが、非常に古くから存在したことを、忘れてはなりません（ワインのほとんどが、自分の家で消費されるものだったにもかかわらずです）。古代ローマ時代よりもさらに以前から、地中海沿岸の全域に、それは存在しました。当時からワインは、非常に高い価値を持った「商品」「交易品」として流通してきました。それは、紀元前一千年より以前から、西はイベリア半島の南岸から東はエジプト、パレスチナ地方に至るまで、つまり地中海世界全体に「都市文化」というものの萌芽があったことと深く関係して起きた出来事でした。そして共和政および帝政ローマ時代から以降、この地域では、ワインはずっと、パンとともに、人間の「食物」として欠かせないものと考えられてきました。そして、ぶどうの栽培とワインの醸造・取引きは、ヨーロッパの全域から、北アフリカ、小アジアなどをカバーする広大な地域に広がり、ワインは古代世界で最も重要な交易品の一つとなったのです。

ですから、現在のイタリアのぶどう栽培者が、世界市場のことを考えて仕事をしている事について頭から批判するのは、ちょっと酷だとも言えます。なぜなら遠い昔からぶどう生産者は「世界市場」を見据えて仕事をしてきた、という部分もあるのですから。かつては今のような、「ジロンド（ボルドー）」や「ヴェネト」のような重要な「生産地域」というものが確立されていなかったとしても、です。

そしてワインのグローバル化がもたらした注目すべきポジティブな面は、イタリアのぶどう生産者の中の、特に若い世代の人々が、新しいクリエイティブな方法で、国際的な「ワイン市場」に挑戦するということを始めたことだと思います。いずれにしても彼らは、ワイン造りの手法を改善し、より良い「ワイン文化」を創り上げることに、熱心に取り組んでいます。

特にこの十年ほどの間に、彼ら「新たなジェネレーション」の生産者たちは、伝統的な手法の良さを再び見直し、古いやり方と最新のテクニックを融合させつつ、しかも「土に帰る」という、一番大切な「基本」を見直すワイン造りに取り組むようになりました。

私には、この十年間に起きていることこそが、本当の「イタリアワインのルネサンス」であるように思えます。それに先立つ数十年は、その「準備期間」だったのかもしれません。

もう一つの「ポジティブな一面」は、新しく「発見」されたぶどうの種類が増えてきたことです。既に見捨てられ、ほとんど忘れられかけて、ワイン醸造家からは顧みられなくなっていた古いぶどうの品種や、工業製品的なワインを造る際に混ぜて使われていたようなぶどうが、再び注目されるようになってきたのです。

いずれにしても、イタリアワインを巡るこの変化の波の中で、多くの若い人たちが、ぶどう生産の個人経営者として、田園に帰りはじめました。今イタリアでは、そうして生まれてきた小規模、および中規模の生産者たちの多くが、真剣、かつ誠実な仕事のやり方で、より上質で、よりオリジナリティーに富んだ、それこそ逆に「グローバル化されていない」ワインを造り出すことによって、現代のワイン市場にチャレンジしようとしています。

ここ数十年の間に進んだ、国際的なワイン市場でのイタリアワインの成功のおかげで、北イタリアから南イタリアに至る各地で誕生してきたこれら中小の生産者が、ワイン造りを始める資金を調達することも、以前より容易になりました。彼らが造る「最高のクォリティ」のイタリアワインが、いまどのような状況にあるのかについては、次の章で触れることにして、とりあえず今は、ワインの「グローバル化」がもたらした「負の側面」についてもお話しすることにしましょう。

では「グローバル化」は全面的にポジティブな現象か？

もう何度も繰り返しお話ししてきたとおり、ぶどう作りやワイン造りというものは、イタリアではもともと、その地方の農民の間で、父から子へと伝えられる、一種の生活の常識でした。ところが、この三十年の間にワインのグローバル化が進むとともに、ほぼすべての生産者が、主にカリフォルニアで行われていた、ワインの造り方を取り入れる必要に迫られました。そうした結果、何世紀もの間農家に伝えられてきた古い知識、すなわち、ぶどうの枝の剪定法や醸造・熟成のやり方など、ワインに関わる様々な技術が、ロンバルディアでも、カリフォルニアのナパ・ヴァレーでも、チリでもオーストラリアでも、そして南アフリカでも同じようなものになってしまいました。これが、ワインの「グローバル化」によってもたらされた「負の側面」の一つです。

二つ目のネガティブな面は、ワイン造りについてのテクノロジーの急速な進歩が、逆に弊害になっている部分もある、ということです。ワイン醸造の技術は、何世紀もの長い年月の間に妥当な形で発展を遂げ、改良されて来たものです。ところが、最近はバイオテクノロジーの技術を使い、三千年も前のぶどうを現代に甦らせようというプロジェクトまであるのです。私に言わせれば、これは全くのお笑いぐさです。しかし、ここ数十年の間に「ワイン醸造技術者」たちは、まるで醸造所の大先生＝「マエストロ」のような存在になってしまいました。そして醸造所は、限りなく「化学の研究所」のようなものに近づいているように思えてなりません。

もちろん、場合によっては実験的なことをして、ワインを良いものにする必要があるということ自体については、議論をさしはさむ余地はないと、私も思います。しかし、それも行き過ぎると問題です。ワインをグローバルな市場の好みに合わせて、スタンダード化された商品にするために、技術的なコストをあまりにもたくさんかけすぎる業者が多いことが、私は問題だと思うのです。こうしたことが、ワインの歴史の中で、自然な形で作られてきた、味と香りを損なってしまったのでは、本末転倒です。

もう一つの問題は、あまりにも「インターナショナルな」ぶどう品種を多く使い過ぎることによって生じるものです。自分たちのワインを、何とかしてよりインターナショナルな価値観から見て「洗練された」ものにするため、流行の外国種のぶどうをむやみに混ぜることが現代的だと思っている生産者が、イタリアにもいまだにいます。その他にも「バリック」を使って樽の香りをつけるとか「ミクロオッシジェナツィオーネ（ミクロオクシジェナシオン）」（注29）などというう技術を使って、人工的にワインに「まろやかさ」を出そうとか……。そうした度を越したやり方が、どんなにワインを、ぶどうそのものと、それを育んだ「土地」が本来持っている、個性的なすばらしさからかけ離れたものにしていることでしょう！

確かに、こうした「技術的に完璧な」方法で造られたワインの多くは、角の取れた、上品な仕上がりのものになっています。しかし、ワインというのは、それが生まれて来た土地の気候風土と食文化によって、長い年月をかけて完成されてきたものです。いわば、その土地の自然そのもの、文化そのものなのです。それが世界中どこでも通用する、たった一つの価値基準で造られ評価されるというのは、とても納得できません。たとえて言えば、歌舞伎とオペラを、同じ物差しで評価し、優劣を論じるようなものです。

本当のワインの魅力、人の感覚と魂をとらえて放さない「ワインの魔術」というのは、やはり、そのワインが生まれて来た大地と、深く結びついて初めて生まれるものではないかと、私は思うのです。しかし、現在のイタリアにおける多数派の、そして世界のワインの傾向として、味わっていて、頭の中にそのワインを産み出した大地の風景が、広がって見えるようなもの、ワインを造った人たちの生活ぶりが見えるもの、そんなワインはだんだん少なくなっています。これは、とても悲しいことではないかと、私には思えるのです。

一九六〇〜七〇年代までの「暗黒時代」は終わり、イタリアワインは、奇跡的な復活を成し遂げました。しかし今度は、ワインを評価する基準の「世界標準化」が、イタリアばかりでなく、世界中のワインに、新たな「暗黒時代」をもたらしかねないと、私は心配しています。それは、世界のどこへ行っても、確かに美味しいけれど、地方色も個性もない、そのワイン固有の「文化」や「伝統」と「大地の香り」を感じられないものばかりになる、という時代です。

そうして本当に、カリフォルニアのナパ・ヴァレー産も、フランスのブルゴーニュ・ワインも、ロンバルディアのオルトレポー地域や、シチリアのシャッカ産のワインも、似たり寄ったりになってしまったら……もし、それが造られた地方と「土地の味」を感じさせるワインが、この世から完全になくなってしまったら、どうしたら良いのでしょう？　ワインがもしも、スターバックスのコーヒーや、マクドナルドのハンバーガーのように、世界のどこで味わっても同じ味がするようなものになってしまったら、あるいは、世界のあらゆる都市の、ニセ「日本料理店」で出される、ニセ「すし」のようなものになってしまったら……考えるだけでも恐ろしいことです。

ワインと「巨大金融グループ」との関係

そしてさらに……ここからが重要です。ワインの世界の「グローバル化」によって引き起こされている問題は、単にワインをめぐる「文化」の面の話だけではないのです。ワインの世界の「経済問題」とでも言えるようなことが存在する事実については、一般のワイン通の人たちでも、知らない人が多いのではないかと思います。それは世界の市場経済システムと、密接に結びついているものです。

これについては、ジョナサン・ノシターという人が、二〇〇四年に作ったドキュメンタリー映画『モンドヴィーノ』の中で見事に描き出されています。現在の世界のワイン市場の動向は、国際金融機関の力によってコントロールされているものだということが、この映画を見れば、よくわかります。実はワインの世界も、いまや世界の巨大金融グループによる、資本投下と、投機と、株式市況の操作によって運命を左右されているのです。今ではワインの「先物取引」ともいうべき金融商品までが、現実にあるのです。

つまり、私たちの愛するワインまでが、世界金融市場に跋扈する巨大資本の、投機の対象となっているのが「現代」だというわけです。

ちなみに、少しでもワインの知識がある人なら誰でも知っている「シャトー・ラフィット・

ロートシルト」や「シャトー・ムートン・ロートシルト」の「ロートシルト」とは、「ロスチャイルド」のドイツ語読みです（フランス語風ではロッチルド）。そう、これらは、世界的な投資銀行や、富裕層向けプライベートバンキングの巨大グループを持っている、金融界の「巨人」ロスチャイルド家の一族が造っているワインだということです。他にも、ロスチャイルドの名前を冠した「優良ワイン」はたくさんありますし、ロスチャイルドが他の会社と提携して造り上げた「高級ワイン」がいくつもあります。たとえば日本で最も有名で、最高級のアメリカ産ワインとされている「オーパス・ワン」は、アメリカのワイン醸造家、ロバート・モンダヴィとロスチャイルド家の一員、フィリップ・ド・ロッチルドが一緒に造り上げたものです。「ワイン・ビジネス」と、この巨大金融グループとの関係の深さが良くわかると思います。

そして、この状況と密接に関係しており、また、このシステムを維持して行くのに不可欠な存在があります。その一つが、いわゆる「ワイン・メディア」（ガイド本や、専門雑誌など）というものです。ワインを「投機」の対象にしている国際金融資本が、そこから、確実な利益を上げるためには「ワイン・メディア」によって誘導される「消費動向」を、きっちりと押さえておく必要があるからです。

それから、ワインの流通業者と「ワインの専門家」と呼ばれている様々な職業の人々もまた、現在の「グローバル・ワインマーケット」のシステムを支えるのに、重要な役割を果たしています。彼らの「精力的な働き」によって、今やワインは、純粋に「ワイン」としてではなく、お金に換算すると「いくらの価値があるものなのか」そして「どれだけの利潤を生み出すものなのか」という一面が、必要以上に、強調して見られるようになってきていると、私は思っています。

また、世界のワイン愛好家から、まるでワインの世界における「カリスマ」あるいは「導師」のようにみなされている、有名なワイン評論家、有名ワインジャーナリスト、有名ソムリエといった人たちによって、世界的レベルでのワインのトレンドや、優良とされるワインの傾向、そして「価値がある」ワインの銘柄についてまでコントロールされているというのが、現在のワインをめぐる状況なのです。

こうした現状のもとでは、私たちが「メディアで評判が高く」かつ「ワインの導師たち」が奨める「トレンディーな」一杯のワインを飲もうとするとき、その背景に、「国際的なワイン・ビジネス」に関わっている人たちの利害、そしてさらには、その背後にある、世界の巨大金融グループの「世界戦略」といったものまで、想像せずにはいられません。

なんて気の毒な、ワイン！　そして、なんてかわいそうな、私たちなのでしょう！

ただ、幸運なことに、近年、イタリア各地とフランスの一部の、主に小さな独立した生産者たちの中に、この「グローバル・ワインマーケット」のシステムに反旗を翻す人々が出てきています。しかし彼らにとっても、世界的レベルでの「巨大ワイン・ビジネス」の世界で生き残って行くのは、決して簡単なことではないようです。

小さなワイン生産業者の苦闘

ワインの世界市場が、まだ今ほど大きくなかったころ（と言っても、今からほんの三十年前の話ですが）、高価でクォリティの高いワインの消費者は、ごくごく限られた層の人々でした。それに加えて、ワインを日常的に飲む習慣があった国は、フランス、イタリア、スペインと、それらの国よりやや割合は少なくなりますが、ギリシャ程度でした。

それに対して現在では、ワインの消費は、信じられないほど多くの国に広がりました。日本でも、都市近郊の小さなスーパーマーケットでさえ、大量生産品のワインをたくさん置いてあったりします。それらのワインは、一本で、最も安いものでは三百円台からあります。チリやオーストラリア、メキシコなどといった「ワイン新興国」から来たものが多いようです。

こうした安いワインの市場もやはり、国際金融システムと密接に結びついた、ワインの「多国籍企業」というべき存在によって形成されているものです。

ちなみに、イタリアの一番大きなワイン醸造グループは、一九八六年に設立された「グルッポ・イタリアーノ・ヴィーニ＝Gruppo Italiano Vini」というものです。現在この会社は、イタリアのほとんど全ての州に支社を持ち、直接的、間接的な資本提携をしている会社は世界の約八十カ国にあります。また、十八の異なるブランドを、傘下に収めています。そうした会社の中には、ロンバルディア州、ヴァルテッリーナ地方の「ニーノ・ネーグリ」や、ヴェネト州の「ボッラ」、そして、トスカーナ州の「メリーニ」などといった、老舗と言って良いワイン醸造会社もあります。

東京でも、簡単にそうした会社のワインを見つけることができます。たとえばエミリア地方の有名で歴史的な会社「カヴィッキオーリ」の造った良質なランブルスコを、一般の人たちは「グルッポ・イタリアーノ・ヴィーニ」の子会社のものとは知らずに、美味しく飲んでいるのです。

しかし、このイタリアで一番大手のワイン会社も、インターナショナルなワイン・ビジネスの世界の「巨人」とも言うべき企業グループの数々に比べれば、ずっと小さなものです。その上位のうち三社はアメリカのもの、一社がフランスのものです。ご参考までに、ご紹介しておきましょう。

●コンステレーション・ブランズ(Constellation Brands, Inc.)

ニューヨークに本拠を置く会社です。世界の、実に広範囲に渡るワインブランドの株式を所有している他、ビールやリキュール、その他様々なアルコール飲料の会社も傘下に収めています。

●E&J　ガッロワイナリー(E&J Gallo Winery)

一九三三年、アーネスト・ガッロと、ジュリオ・ガッロによって、カリフォルニアで設立されたワイン製造会社です。現在、カリフォルニア・ワインの最大の輸出業者でもあります。「ソノマ・カントリー」を、世界の最も重要なワイン生産地の一つにしました。

●ザ・ワイン・グループ(The Wine Group)

箱入りのワイン「フランジア」が、世界中で知られています。ニューヨークの「ザ・コカ・コーラ カンパニー」のワイン事業進出に際して、買収を受けて出来た会社で、現在も「コカ・コーラ エンタープライズ」の一部門です。

●GCFグループ(Grands Chais de France)

一九七九年に設立された世界第四位のワイン生産者であり、フランスで一番大手のワインとリキュールの生産者です。その七〇%は、海外に輸出されています。

こうしたワイン業界の「巨人」に対して、中小のワイン会社はどのように立ち向かって行けば良いのでしょうか？　クォリティの高い、その土地のキャラクターを生かしたワインを造れば、生き残って行けるのでしょうか？　商業的には、その戦いは、非常に厳しいものになるに違いありません。

良いワイン造りのために投資をしても、規模が小さければ、使ったお金は一本一本のワインにダイレクトに跳ね返って来ますから、大きな生産者より、どうしてもワインは高価になってしまうでしょう。このように、小さな醸造業者やぶどう生産者たちにとって、国際市場の要求に合わせた「良いワイン」を造り、さらにプロモーションまでして行くのは、並大抵の事ではないのです。現実に、世界のワイン愛好家に名前を知ってもらい、敢えて選ばれて、飲んでもらうことができているイタリアワインの大部分は、やはり大きく有名な生産者のものです。

こうした状況の中で、地道な方法で土着のぶどうを甦らせ、本当の意味で大地に根差した、トラディショナルなタイプの良いワインを造るというのは、本当に容易な仕事ではありません。インターナショナルなタイプのワインが好まれ、世界の市場で主流になっている中で、敢えて時代の流れに逆らい、ローカル色が豊かで、生産者の個性や主張を強く打ち出したワインを造るというのは、かなり勇気のいることでもあります。

丹念に土を作り、遺伝子工学に頼らずにぶどうの樹を交配し、育て上げ、さらに伝統を踏まえつつ、そのぶどうにふさわしい醸造法まで探って行く……。それは、ひょっとすると、一人の人間の努力では完成されず、世代を越えて受け継がれる仕事になるのかもしれません。少なくとも、それぐらいの情熱と覚悟で取り組まなければならない仕事でしょう。

しかし幸いに、イタリアには、そうした地味ながらも堅実かつ伝統的な方法で、その土地と環境が持つ個性を大切にしながら、真に個性的なワインを造ろうとしている小さな生産者が、確かにいます。次の章では、彼らが今、どんな仕事をしているのかについて、より詳しく述べてみたいと思います。

《注釈》

(注19) ミラノで発行されている、イタリアで最大の発行部数を誇る新聞。一八七六年創刊。

(注20) イタリアの警察には、いくつかの種類がある。カラビニエーリは、国防省が管轄する警察組織で、主に重大犯罪やテロなどに対応することを前提としているが、ごく日常の警察業務もこなす。他に「ポリツィア」=内務省警察と、脱税を取り締まる財務省警察、さらに各自治体が管轄する警察もある。

(注21) いずれも、北イタリアを代表するワインの種類。

(注22) ガルダは、北イタリアのヴェネト州、ロンバルディア州、トレンティーノ=アルト・アディジェ州にまたがる、イタリア最大の湖、ガルダ湖のこと。この商標は当然、北イタリア産であることを意味し

ている。

(注23) 南イタリア、カンパーニア州にある県。ナポリ県の南に接する。

(注24) 北イタリア、ピエモンテ州にある都市。

(注25) マリオ・ソルダーティ（一九〇六〜一九九九）。トリノ出身の作家・劇作家・演出家。食文化とワインにも造詣が深く、一九六〇年代には、イタリア各地のワインと食文化を再発見するドキュメンタリー番組を作り、自ら出演もしていた。

(注26) その土地の伝統的な食文化や食材、ワインなどを見直そうという運動。消えて行きつつある食文化や食材、ワインを守り、その存在を世の中に広める活動のほか、子供を中心とした「食育」も行っている。一九八六年、北イタリア・ピエモンテ州のブラという小都市で産声を上げた。日本では、ノンフィクション作家・島村菜津の著書『スローフードな人生！』の刊行をきっかけとして広く知られるようになった。

(注27) イタリアワインのカタログガイドの中で、最も有名で一般的なもののひとつ。正式名称は「Gambero Rosso Vini d'Italia」。英語版は「Italian Wines」と表記。毎年一回発行されている。

(注28) イタリア、トリノに本店を持つ国際的フードマーケット。イタリアの多様な食材を独自のルートで輸出・販売するほか、イタリアの伝統的な食文化に触れることができるセミナーなども開催している。

(注29) 発酵中、または熟成中の赤ワインに、微細な酸素の泡を吹きこんで、人為的に酸化を促す技術。

第5章　イタリアワインの新しい波

「時代を映す鏡」としてのワイン

世の中には、商売上手な人もいれば、商売が下手な人もいます。また、自分の仕事に誠実に取り組む人もいれば、ただ金儲けだけを考えている人もいます。ぶどうの栽培もワインの醸造も、その九九%が「ビジネス」になった現代では、やはり同じことがこの世界にも当てはまります。

そしてすべての「商品」がそうなのですが、とりわけワインの場合は、文化的な面から見てシンボリックな意味を持つ商品として、世界の経済や、社会、文化の変遷とともに、今日までその姿を変え続けてきました。

また、ワインは、香辛料や、絹や、茶葉、コーヒー、米などと同様に、異なる人種の間の、交易の主役のひとつであったと同時に、文化的な交流の、重要な仲介役を務めてもきました。そして国家間の同盟や、対立、時には血塗られた戦争の原因にさえなったこともありました。

ワインは、数千年に渡って、このような歩みを経てきました。そして近代以降、その傾向はさらに強くなり、今やワインは、移り変わって行く「時代の鏡」と言っても、必ずしも大げさではないようなものになっていると、私は思います。

一九七〇年代以降は、ワインの性格の移り変わりが、そうした世界情勢の変遷とリンクしてきたことの、良い例です。ワインの、味覚の面での「世界標準化」や、インターナショナルなぶどうの樹の普及、新しい木で作った「バリック」で熟成させるという手法が、世界の至る所で同じように行われるようになったこと、そして、ワインの「金融商品化」……こうしたことが、世界の政治・経済・社会の「グローバル化」と並行して行われてきたというのは、決して偶然ではありません。

その間、政治・経済の分野では何が起こっていたでしょう。マーガレット・サッチャーが、続いてロナルド・レーガンが、世界政治の表舞台に現れた時代がありました。その後「新自由主義」と「グローバリズム」が台頭し、そして現在は、国際的な巨大金融資本の力が、世界に君臨する時代になりました。ワインの世界の「流行現象」は、まさにこうした政治・経済的な面から見た世界情勢を、そのまま反映したものだったのです。

しかし、ここ最近になって「新自由主義」「グローバリズム」一辺倒の状況に対する、一種の反動が、世界的な傾向として出て来ています。「ノー・グローバル」を旗印に掲げたグループや「地域主義」を目指すムーブメントが、政治・経済だけでなく、農業や、様々な社会活動の分野で生まれ、「エコロジー」と「持続可能性」をキーワードとして活動するようになりました。今では、農業や食文化など、少なくともいくつかの分野においては、「グローバリスト」であることが必ずしも「トレンディー」とはいえなくなって、むしろ「ローカリスト」であることの方が新しい、とされる時代が来ているように思われます。ワインの生産、販売、そして消費といったことについても、その傾向が徐々に強くなってきています。ワインの世界でも、既に流行は「グローバリズム」から「ローカリズム」へと移り替わりつつあるのです。

ファブリツィオのワイン日記⑧

一九六七年　十一月七日　ミラノにて

今日は、親の仕事の都合でローマへ引っ越して行った親友に、こんな手紙を書いた。


僕の大事な友達、ファウストへ。元気にしているかい？

ローマって、どんなところなのかな……。新しい学校は気に入った？　先生たちは厳しい？

友だちには、どんな連中がいる？

質問ばっかりで、ごめん。でも、君と君の家族が引っ越して行っちゃってから、僕は毎日、すごく寂しい気持ちでいるんだ。ほんとだよ。

今日は学校で、また先生に叱られちゃったよ。教室の中でサッカーボールで遊んでいたら、失敗して、窓ガラスを割ったんだ。パオロ・ラヴェッリと、サンドロ・リーヴァと一緒にね。いつものメンバーだよ……ファウストは、まだ覚えてるかな？

父さんと母さんも、めちゃくちゃ怒っててさ。「明日になるまで、自分の部屋から出ちゃいけない」っていう、お仕置きを受けてるところ。せっかく今夜は、カゼッリ教授と、奥さんと、息子のジュゼッペがお客に来ているっていうのに。ついてないよ。

でも、話し声は聞こえてる。カゼッリ教授は、ピエモンテのアルバの出身だから、父さんと戸口の所で挨拶した瞬間から、二人で、何時間も、ずーっとワインの話ばっかりしてる。ある意味、すごいよね！　話題は、ほとんどバローロのことだ。つまり、イタリアで一番おいしいワインのこと。あくまでも、父さんがそう言ってるんだけどね。

さっきから「今のバローロは、つまり昔の通りのやり方で造られたのじゃないバローロなんて、ほんとのバローロじゃない！」っていう話で盛り上がってるよ。昔通りに、ぶどうは足で潰して（昔って、どんだけ昔のことだよ！）、昔通りの古い大樽を使って造ったものじゃなきゃ駄目。しかもそのバローロが生まれてきた土地にいる、それを造った人から買わなきゃ、絶対に駄目！　なんだそうだ。

まあ、いつもの事だけどさ、あの人たちときたら「近ごろのワイン」に関する文句ばっかり。ほんと、聞き飽きたって言うか、もううんざり！　君も、そう思うだろ？

バリックの流行と「ワイン愛好家」の悲喜劇

一九八〇年代、九〇年代になってからワインを本格的に飲み始めた人ならば、何年か前まで、それがフランスワインか、イタリアワインか（あるいはそれ以外か）に限らず、「高級ワイン」というものは、すべからくバリックで熟成したもので「なければならない」とされていたのを、覚えていらっしゃるのではないかと思います。当時は「収穫年ごとに、新しいバリックを」というのが、高級ワインの世界にアクセスするための、一種の「パスワード」のようなものと思われていました。

こうして、イタリアの「バルベーラ」が、まるでボルドーのメドックのワインのようにして飲まれ、ボルドーのワインが、アメリカのナパ・ヴァレー産のワインのようにして、飲まれていました。

その時代は、間違いなく多くのワイン愛好家が、私に言わせれば全く「不必要に」赤ワインのアロマの中に「コケモモ」や、「なめし革」や、「トーストしたパン」の香りを感じるように仕向けられ、白ワインの中に、色々な「ハーブ」や、「アカシアの蜂蜜」の香りがあるのを感じ分けるように訓練しなければならないと、半ば強制されたような気持になっていたのではないかと思います。そして、それが実際はなかなかうまく行かないことに、フラストレーションを感じていたのではないでしょうか？

そうしたフラストレーションを抱えた人の多くが「いったいほかの人は、どうやってそれに成功しているんだろう」と考えて、悩んだりもしていたのではないかと想像します。

ワインショップへ行けば、そうした「トレーニング」をするための、香りのエッセンスが入った小びんが、たくさん詰まったセットが売られていたりします。たとえばバニラとか、サルヴィアとか、ジャコウとか……。

正直言って私は、そうした「〇〇のような」アロマを感じることで、ワインを評価する、というやりかたそのものが、本当に馬鹿げたことだと、ずっと考えてきました。当然、なめし革やアカシアの蜂蜜がワインの中に入っているわけはなく、そうした香りは、本当のところは、ただ樽やバリックの、木の香りが移っただけのことも多いわけです。

それを、コケモモだ、なめし革だと、何かにたとえて表現することを、ある種の「ゲーム」として楽しむと言うのなら、それを止める権利は、誰にもありません。しかし、せっかく奮発して「高級な」ワインの栓を開けたというのに、専門家が説明するような様々な香りを自分が感じられなくて、逆にストレスをためるなどというのは、本当にもったいなく、バカバカしいことです。

このことでもわかるように、ワインというのは、その味や、時には飲み方までが、その時々の、社会の流行に左右されるものなのです。その一例として、イタリアワインの中で最も名前の通ったものの一つである「バローロ」の場合について見てみることにしましょう。

新しいタイプと「伝統的なもの」、どっちが本当のバローロ？

一九八〇年代、バローロの産地であるピエモンテ州では、バローロ造りにおける「伝統派」と「ネオ・バローリスト」とも呼ぶべき「革新派」の生産者たちの間で、ほとんど「戦争」と言っても良いぐらいの論争がありました。

「革新派」の人々が提唱したのは、こういうやり方です。まず、効率を無視して、ぶどうの樹についた房のうち、厳選したものだけを残し、あとは捨ててしまいます。そして最新の発酵技術を導入し、新しいオークの小樽で熟成をして、ワインを「洗練された」ものにします。そうして出来上がったものは確実に「インターナショナル」で、熟成を経なくても「飲みやすい」バローロになりました。この「新しいバローロ」が、バローロ生産地の地域経済を豊かにしたのは事実です。しかしその一方で、バローロが本来持っていた、強烈なアイデンティティーは失われてしまいました。

昔、まだ私が少年と言っても良い歳のころ、父が、十五年間も熟成させた、自慢のバローロかバルバレスコを、家にやってきたお客さんに振る舞ったことがありました。あのとき、部屋いっぱいに広がった素晴らしい香りを、私はいまだに忘れることができません。それはバニラの香りだったでしょうか？　それともコケモモ？　いいえ、全く違います！

それは、古い醸造倉の香り、そしてバローロが生まれて来た霧深い丘の土と、そこに育った、まさしくネッビオーロぶどうの香りでした。そしてどこかノスタルジーを誘い、ぶどうの樹が成長し、そこになった房が畑で摘まれて、潰されるまでに経てきた、たくさんの季節、いくつもの年月、さらには、ネッビオーロというぶどうが積み重ねてきた、長い長い歴史を思い起こさずにはいられないような香りだったのです。

これこそが、長期間の熟成を経たワインの、本当の魅力です。そしてバローロは、まさしく長い熟成を「させるべき」ワインなのだと言えるでしょう。

現在でもまだ、バローロやバルバレスコをバリックで熟成させる方法を採っている生産者はあります。しかし幸いなことに、樽の内側の木に「焼き」を入れすぎて、過剰な香り付けをしてしまうような生産者は、ほとんどなくなりました。そして多くの生産者が、かつて使われていたような、大型の樽を使うようになりました。

今では、バローロの生産地域(注30)で活躍している生産者には、若い世代が多くなっています。これらの人々は、一九八〇年代から九〇年代にかけて「新しいバローロ」を造り出していた生産者たちの子供であることが、しばしばあります。彼ら若い世代は、親の世代が「インターナショナルな見地から洗練された」バローロを造ろうと試みたのとは違って、そのエネルギーの多くを、ブルゴーニュの生産者たちがしてきたように、その畑の「土」自体の改良に注いでいます。なぜなら、バローロは（その自然な味と香りが、樽の木の香りで隠されてしまわない限り）そのぶどうが採れた丘ごとに、さらには畑の区画ごとに、キャラクターが変わるものだからです。

こうして今の質の高いバローロには、一時のような、木の香りをつけすぎたようなものは、幸いなことに、ほとんどなくなっています。

しかし、ここで気を付けておきたいのは、ワイン醸造に関する革新的な技術を導入することが、必ずしも悪いことではない、という点です。

一九七〇年代までバローロは往々にして、大規模な生産者が、ぶどうに投機をしていた仲介業者が、あちこちの違う栽培農家から集めてきたぶどうを買い取り、それを混ぜ合わせて造ったものでした。当然、クォリティのあまり高くないバローロもたくさんありました。そうした悪習をやめたのも、一九八〇年代から九〇年代にかけて「新しいバローロ」を造った世代の人々だったことを、忘れてはいけないでしょう。

ワインというものは、心を尽くし、精一杯の情熱を注いで造らなければならないものです。しかしそれと同時に、頭を使って新しい技術を取り込み、創造性を働かせて造る必要もあるのです。要するに、バローロに限らず、「伝統」と「革新」が、最良の条件でひとつに合わさったときに初めて、本当に価値のあるワインが生まれるのです。

若者のワイン・女性のワイン

ワインの専門家でない人でも、最近はイタリアで醸造所を訪れたりする人がいるようです。そうした場合、非常に多くの若者や女性が、生産者として応対してくれるのに出会うでしょう。彼らの多くは、小さな、あるいは大きなぶどう栽培農家やワイン生産者のうちで、年金生活に入ったり、年を取って引退したりした人の、子供たちです。

ここ二十年ほどの間に進んだこの新しい現象は、世界中にイタリアワインが普及したことによって引き起こされたものですが、イタリアの農村にとって、非常に良い「効果」をもたらしました。それは、この仕事がなければ都会で働いていたであろう若者を、育った地元に留まらせたり、あるいは都会から引き戻したりする動機になっているからです。

彼らはイタリアのあらゆる地域で、一族が代々営んできた事業を受け継いだり、自分自身で新しい会社を作ったりしています。また、新しい農業協同組合も各地で生まれています。ただ残念なのは、そうした新しいジェネレーションの生産者のすべてが、良いワインを造っているわけではない、ということなのですが……。

いずれにしても、この若い男女の生産者たちが、今やイタリアのすべての地域で、ワインの生産やプロモーションのやり方を、根本から変えつつあるのは間違いありません。

たとえばここで、幾人かの名前を出すだけで、若い生産者、とりわけ若い「女性ワイン職人」とでも呼べるような非常に優れた人が、今、たくさん出てきているのがわかると思います。

マリーサ・クオモは、カンパーニア州のアマルフィ海岸にあるフローレという小さな村で、興味深い赤ワインと、それ以上に注目すべき、素晴らしい白ワインを造っている女性です。

マリアリーザ・アッレグリーニは「アマローネ夫人」という異名を取る、自営の生産者で、昔からヴェネトで素晴らしいヴァルポリチェッラを造ってきた旧家の末裔ですが、その名声をさらにゆるぎないものにしました。そして現在では、トスカーナのモンタルチーノやボルゲリにも進出し、質の高いワイン造りを続けています。

シチリアの人である、フランチェスカ・プラネータの名前も、忘れてはいけません。彼女はまずミラノで経済学を学んだ後、自分の一族の会社のマネージメントの責任者となりました。そして、もう一人の傑出した女性、ハンガリー人醸造技術者のパトリシア・トスと協力して、プラネータのベストセラー「チェラスオーロ・ディ・ヴィットリア」を世に出しました。

リグーリアのアルベンガには、カテリーナ・ヴィオという人物がいます。彼女はアイモーネ・ヴィオの娘で、いわゆる「バイオロジック・ワイン」の旗手の一人です。

こうして見てみると、北から南までイタリアの全土で、何世紀もの間「男の仕事」とされてきたワイン造りの世界に、どんどん女性が進出してきていることが、良くわかると思います。そして、女性特有の繊細な感覚で、ワイン造りとマネージメントが一体となった、良い仕事をしていることにも気付かされます。

また、これは、まだ断言するには早すぎるかもしれないのですが、将来、ワインの造り方も飲まれ方も、女性の力が変えて行くのではないかと、私は思っています。

この件に関して、最近私が注目しているのは、ワインショップの棚に、たくさんの「ロゼ」ワインが並び、ワイン専門誌の評論にも、ロゼの話題が良く出て来るようになったことです。

「長い間、忘れられたようになっていたロゼワインやスプマンテが復活し、大きな流行になりつつあるのは、もしかすると、女性のワイン愛好家が増えて来たからじゃないだろうか」

そんな風にも思えます。消費の面から考えると、それが本当であることは、まず間違いないでしょう。そしてイタリアワインに関して言えば、クォリティの高いロゼワインを造る、女性生産者が増えて来た、というのがもう一つの理由だと思います。

フリウリ地方の、エリザベッタ・ミッソーニ・フォッファーニ（モスカート・ローザ）や、シチリアのドンナフガータ・ア・ラグーザの、ジョゼ・ラッロ（ヴィーニャ・ディ・ガブリ）などが、その代表として挙げられます。

とにかく、男性にしても女性にしても、彼ら若い世代の生産者が、一九八〇年代に「バリック」の流行を追いかけていた父親の世代よりも、ずっとトラディショナルなワインを造ろうとしている傾向にあるのは確かです。それはむしろ彼らの「祖父の世代の味」に近いものでしょう。ただ彼らや彼女たちが、その祖父の世代と異なるのは、伝統的手法の中に、モダンな、そして時には「前衛的」と言っても良い手法をも、あわせて取り入れている、という点です。

それは「グローバル化」を嫌い、環境に配慮し、有機栽培を重視しつつ、より「職人的な」やり方でワイン造りをしようという世代です。そして同時にまた、マーケティングや「イメージ戦略」についても、感覚が鋭い人々だと言えるでしょう。

スーパー・タスカン？　それとも量り売りワイン？

あなたが、自分がどんなワインを飲んだら良いか決めるとき、でなければ、どんなワインに自分のお金を「投資」しようか決めるとき（そういう考えを持っている人は、まだ日本には少ないと思いたいですが）、何を参考にしたら良いでしょうか。それがどれだけ良心的に書かれているかはともかく、いずれにしても大金融ブローカーとつながりのある有名ワインガイドか、世界的に名を知られた、ワイン専門誌を読むことになるでしょう。この場合の基本的な姿勢として注意したいのは、そうした情報源が、実際は「どれが本当に美味しいワインなのか」ということではなく「今、世界の『ワイン市場』が、どのように動いているか」を理解するための道具なのだ、ということです。

　ここで試みに、そうしたワインガイドや専門誌のうち、比較的良心的に作られたものに紹介されている、イタリアワインのランキングの中で、最も高い「階層」、つまり、イタリアや他のヨーロッパ諸国で、百ユーロから四百ユーロ、あるいはそれ以上の値段で売られているものについて、見てみましょう。

　トスカーナのワインが、相変わらず上位に名を連ねているのがわかります。そのうちのいくつかは、D.O.C. あるいは I.G.T. のカテゴリーのものですが、「ヴィーノ・ダ・ターヴォラ」に分類されているものも入っています（このカテゴリー分けについては、第8章でご説明します）。サッシカイアや、ボルゲリのワイン、あるいはブルネッロぶどうやサンジョヴェーゼ、そしてすべてのフランスの（というよりインターナショナルな）ぶどうを使ったワインの名前がそこにあります。

　また、バローロや（もしかするとそれ以上に多くの）バルバレスコといった、ピエモンテ産のワインも、最高のランクに名を連ねています。

　加えてその中に、いわば「スーパー・ヴェネシアン」（私の造語ですが）とも言うべきワインが、かなりの数、割って入っていることに気付きます。アマローネや、レチョートといった、アングロサクソン系の人たちが非常に好むワインです。また、ここ二十年間の「ヴェネト・ワイン・ルネサンス」ともいえる動きのおかげで、一般のヴァルポリチェッラやソアーヴェの中から優良なものが、ようやくこの「最高ランク」とされるワインの中に入って来ました。

そして、ヴェネト産のワインのうちで、大体二十ユーロから、八十ユーロぐらいの中・高級にランクされる「新しいワイン」——その多くが非常に古い歴史を持った、ヴェネトの伝統的なワインですが——にも、注目が集まるようになっているのがわかります。赤ワインでいえば、アンティパストや、デザート（特にチーズやドライフルーツ）に良く合う「ブレガンツェ・トルコラートD.O.C.」や、マクランという生産者による「マドロ・ヴェネト・ロッソ」などが、それに当たります。ちなみにマクランは、アッレグリーニ、マージ、ピエロパン、ベルターニや、その他多くの生産者とともに「ヴェネト・ワイン・ルネサンス」の担い手となっています。

ヴェネトと言えば、忘れてはならないのは、プロセッコ（一般のものとスーペリオーレの名を与えられたもの）についてでしょう。もともとは、安い発泡ワインとして地元の農民などに愛されていたこのワインは、それが幸か不幸かはともかく、今ではキャンティとともに、世界で最も有名な「イタリアワイン」になりつつあります。

ここで、ワイン好きの方のために、イタリアでは権威のある「セミナリオ・ペルマネンテ・ルイージ・ヴェロネッリ」という本の中にある、イタリア各州で造られている「高級」ワインの数のランキングをお見せしましょう。次のようなものです。

一位　トスカーナ（一八三）
二位　ピエモンテ（一三二）
三位　ヴェネト（三七）
四位　トレンティーノ＝アルト・アディジェ（二九）
五位　フリウリ＝ヴェネツィアジュリア（二二）
六位　ロンバルディア（二一）
七位　シチリア（二〇）
八位　ウンブリア（一八）
九位　マルケ（一七）
十位　カンパーニア（一五）

以下は省略します。

いかがでしょうか？　でも、私はこうしたランキングの持つ意味に、疑問を持っています。たとえば「ガンベロ・ロッソ」や「ワイン・スペクテーター」、また「デカンタ」といった雑誌のテイスターたちは、私より優れたテイスティング能力を持っているのでしょう、多分。しかし私たちが本当に知るべきなのは、「高級ワイン市場」におけるそれなりに高い「階層」に、どれだけの、あるいは、どのワインがランキングされているか、ということではないのです。一本のワインが「最低で」イタリアでは二十ユーロ、日本で買えば四千円もするというのは、どうでしょうか。選ぶこと自体は簡単ですし、味は、正直言って、普通のワイン好きの口に合うかどうかわかりませんが、少なくともまずいワインではないと思われます。でも、どれだけのワイン愛好家が、ワインに毎日、四千円という額のお金を払えるでしょうか？

実際のところ、二〇一二年のイタリアでのワインの消費に関する統計を見てみると、国内で一番多く飲まれているのは、意外にも（？）先ほどの「高級ワイン」統計のトップテンには出て来ない、エミリア＝ロマーニャ州のワインなのです。そして一番多く飲まれているワインの銘柄は「ランブルスコ」です。では、私たちは「スーパー・タスカン」の代わりに「スーパーランブルスコ」（これも私の造語です）について話題にすべきなのでしょうか？

これについても、答えはおそらく「NO」でしょう。現在、非常に質の高い、すばらしいランブルスコが世に出てきていることを考慮に入れても、です。こうしたデータは、スーパーマーケットを含めた、大量流通・大量販売の世界で、多くの人がどんなワインを選んでいるかということ、それだけを物語っているにすぎないからです。

ワインのプロであれ、素人であれ、まじめに考えるべきなのは、歴史的にワインを日常的に飲む習慣があった国、もしくはワインが、日常的な飲み物として普及して来た国（日本もそうです)で、シンプルにワインが好きな一般の人が本当に知りたがっているのは、質が高く、飲んで正直に「美味しい」と思えて、なおかつリーズナブルな値段のワインは、どれなのか、ということだと思います。それは、まず「熟成」しすぎていないワイン、ボディが強すぎないワイン、それでいて飲み口が心地よく、家族との普段の夕食や、友達との楽しい語り合いの場にふさわしいワインなのではないでしょうか？

もちろん、何か大切な記念日や、特別なお客様をもてなすための晩餐用に、思い切って高級ワインを買い求めるのは、悪いことではありません。でも、しつこいようですが、今のワインの世界に一番広く求められているのは、やはり、どうすれば美味しくて手ごろな値段のワインを見つけることができるか、という一点なのだと、私は思います。

実は、日本ではほとんど知られていないことですが、最近、この問題に応える形で、イタリアでひとつの古い習慣が復活しつつあります。それはなんと、「ワインの量り売り」です。「量り売りのワイン」として、現在、様々なワインが売り出されています。白でいえば、リースリング・イタリコ、ピノ・グリージョなど、赤では、マルゼミーノ、ラボーゾなどといったぶどうから造ったものがあります。そしてこの分野でも、ロゼワインがまた、復活しつつあります。

こうした形で、良質で、なおかつ安いワインを提供するところが増えて来ているわけですが、それらの「量り売りワイン」に共通するものは、デリケートで軽い味わいである、ということです。なぜならそれらのほとんどが、買ってからすぐに飲まれることを前提としたワインで、「熟成させる」などという行為とは、縁遠い存在だからです。

イタリアでは、この良質な「量り売りワイン」を買い求めることは、それほど難しくはありません。自分のボトルを持って、直接生産者を訪ねたり、そういうスタイルを取り入れたお店に行けばいいだけだからです。

この「量り売りワイン」の成功の裏には、過去の「古き良き時代」へのノスタルジーがあることは間違いありません。今から五十年ほど前まで、イタリアでは、ワインはほとんどこの形で売られていたからです。

流行する「有機ワイン」の実情

毎年、全欧州で、果樹に散布される殺虫剤、防かび剤、除草剤などの量は、合計すると、七万二千トンにもなるという調査があります。そして、その約七〇%が、ぶどう栽培に用いられているそうです。そしてたとえ微量であっても、そのうちのいくらかは、ぶどうの中にも残留すると考えた方が良いでしょう。

ヨーロッパでも、アメリカでも、日本でも、環境問題や自然農法による作物に対する関心は、年々高まっています。ですから、ぶどうとワインの生産者の多くが、いわゆる「有機栽培」によってワインを造りたいと考えるのも、ごく自然なことだと思います。

ただ、ここに問題があります。その一つは「私たちは『有機農法』で造られたとされるワインを飲んでいれば、健康面で本当に安心なのか」ということ。そしてもう一つは「そもそも、完全な『有機ワイン』というものが、存在するのか？」という疑問です。

親愛なる読者の皆さん、私の見解は、残念ながら「NO」です。まずは、順を追って問題をよく見てみましょう。

最近、酒販店の商品説明に、また、リストランテのワインリストの中に、そして、ワインのボトルに貼ってあるラベルに、「有機ワイン＝vino biologico」あるいは「有機農法による産品＝produzione biologica」と書いてあるのを目にする機会が、しばしばあります。私はそうした説明書きを見るたびに、いつも懐疑的になってしまいます。なぜなら、私がその分野の専門家でなくても、欧州での「有機栽培」という表現が「天然由来の殺虫剤と肥料を使った農法で栽培された」作物、そして同時に「化学的に改良された農地で作られたものでなく、遺伝子組み換えによって作られたものでない」作物を使用している、という意味以上のものでないことを知っているからです。

「結構じゃないか。それならすぐにでも、すべてのワインを、有機栽培のぶどうを使ったものにすれば良い」と思われるかもしれません。確かに、この分野において、イタリアは世界の最先端を行く国です。そして、有機栽培によって作られたぶどうを使ったワインを、世界で一番多く生産しているのも、イタリアです。しかし実は、問題なのは「ぶどう」ではなく「ワイン」の方なのです。

有機農法によって安全なぶどうを作ることは可能です。しかしワインを、特に赤ワインを、ワインの質を安定させる、酸化防止剤（主に亜硫酸塩です）を使わずに造るのは、非常に難しいのです（白ワインの場合はもう少し容易ですが）。

通常の、いわゆる「有機ワイン」は、有機栽培によるぶどうを使ってはいますが、亜硫酸塩を全く含んでいないわけではありません。ただし、一般のワインに比べれば、その量は少ない（大体半分ぐらい）と言えますが……。

この亜硫酸塩という物質が、詳しくはどんなものなのか、多くの読者の方はご存じないと思いますが、その影響については、多分経験しておられると思います。なぜなら、ワインを少し飲み過ぎた際に時々経験する、あの煩わしい頭痛は、多くが、亜硫酸塩のために起きるものだからです。

もし今、この問題について、皆さんに私がアドバイスできることがあるとすれば、こうです。「どうぞ、有機ワインを飲んでください。ただ、何よりも良いのは『質の良い』ワインを飲むことです」

しかしいずれにしても、この問題に対して私たちは「楽観主義者」でありたいと思います。おそらく、そう遠くない将来、私たちが酸化防止剤＝亜硫酸塩の入っていない美味しいワインを、日常的に飲める日が来ると思います。

そして今でも、「スーパー有機」ワインというものが、造られています。これは「完全に」、あるいは「ほとんど」亜硫酸塩が入っていないワインです。まだ本当に少数ですが、例を挙げるならば、ラズィエンダ・ミラベッラ（l'Azienda Mirabella）が造っている「エクストラ・ブルット・フランチャコルタ（Extra Brut Franciacorta）」や、オッピーダ・アミネア（Oppida Aminea）が造っている「カンパーニア I.G.T.（Campania I.G.T.）」などです。

しかし、本当のところを言えば、私は個人的に、「有機」ワインの「原理主義者」とでも言うべき生産者には、あまり親近感を感じられません。

たとえば、フリウリ＝ヴェネツィアジュリア州のゴリツィア県にある「ヨスコ・グラヴネール」という生産者が造る「ヴィーノ・ナトゥラーレ」というワインは、「アンフォラ」と呼ばれるテラコッタの大きな壺を地中に埋めたまま、その中で醸造するという、二千年前と同じ方法で造られています。こういうのは、私には、ちょっと「行き過ぎ」のように思われます。

前にもお話ししたと思いますが、ワインというのは、私たち人間の良き同伴者として数千年に渡る歴史の旅をともにしてきて、その間ずっと私たちを幸せにしてくれた、友達なのです。そして私たち人間が変わって来たのと歩調を合わせて、ワインも変わって来たのです。過去の遺物を現代に甦らせることに、本当に意味があるのでしょうか？

私は、人間の「歴史の旅」が続く限り、いつも私たちのそばに、自然な形で付いて来てくれる、良き友、それがワインなのだと思っています。

《注釈》

（注30）バローロワインを生産している地域は、ピエモンテ州のバローロ村を含む、カスティリオーネ・ファッレット、セッラルンガ・ダルバ、ラ・モッラ、モンフォルテ・ダルバ、ロッディ、ヴェルドゥーノ、ケラスコ、ディアーノ・ダルバ、ノヴェッロ、そしてクーネオ県のグリンザーネ・カヴールの各村に渡っている。初めてこのワインの生産地域が確定されたのは、一九三三年のことだった。

第6章　日本人のイタリアワイン選びは間違いだらけ！

まるで「羊の群れ」のように操られる日本の消費者

この十年ほどの間に、日本人のワインに関する知識は飛躍的に深くなりました。また日常的な場面で日本人がワインを飲むことが、非常に多くなりました。特に、多くの日本の女性たちが、ワインに興味を持ち、親しむようになったことが、一番大きな変化だと思います。これは前の章でも書いたように、イタリアのワイン生産者の間で、女性たちの活躍が目立ってきたのとリンクしているようにも思われます。ワインの世界に、「女性の時代」が到来しつつあるのでしょうか。

一方、日本の男性の場合は、ワインに親しむ人の幅が大きく広がったように思います。かつては一部の人の「高級な趣味」だったワインが、大人の飲み物の一般的な選択肢の一つとして定着しました。そして今は、大学生などの若者から、仕事を引退した世代まで、本当に様々な人がワインを飲むようになっています。ワインを心から愛する私としては、本当に、喜ばしいことです。私は、ワインはその社会の「成熟度」を計るバロメーターのようなものだと思っています。ワインがここまで普及して来たというのは、それだけ日本の消費社会が、成熟してきたということの証拠なのでしょう。

その一方で、日本人とワインの関係に、心配な傾向も出て来ています。それは、ワインの世界の「ビジネスメーカー」とも呼べる人々、すなわち、大手のワイン輸入業者と、広告会社と、マスメディアの関係者が、日本のワイン消費者を、まるで羊の群れを追い立てるように、自分たちの思うままに操ろうとしている状況です。

ワインが好きな日本人たちは、羊でもヤギでもありません。自立した大人の男女です。だから自分の思うとおりに行動し、好きなようにお金を使う権利があります。ところが実は陰で、誰かの「お金儲け」のためにコントロールされている。気付かないうちに、自分の好み（だと自分では思っている）や、消費行動を操作されている……これは、ワインの世界に限らないのですが、本当は、実に危険なことなのです。

店員のレベルの低さと、買う側の「権威主義」

日本でワインの市場が伸びてきたとはいえ、日本人のワインとの付き合い方には、まだまだ大きな間違いがたくさんあります。私の目から見て、まず軽いショックを受けるのは、酒販店のワインコーナーの前に立った、あるいはワイン専門店に入った日本人が、あまりにも簡単に、自分が買うワインをぱっと決めて、キャッシャーへと向かうことです。

私は日本酒も大好きなのですが、漢字をあまり読めない私の場合、まずは、ラベルとにらめっこすることになります。当然よくわからないので、結局店員さんを呼んで、説明してもらいます。酒屋の店員さんは、これはどこの地方の、どういう土地でとれたお米を、どんなふうに精米して、どんなやり方で造ったか、その特徴は、と熱心に教えてくれます。

一本一本、そうやって店員さんから説明を受けて、自分でどれを買うか決心するまでに、私の場合、どうかすると三十分ぐらいかかってしまうこともあります。店員さんにとっては迷惑なことかもしれませんが、日本人のみなさんは本当に親切で、しかも辛抱強いので、何も知らない外国人に美味しい酒を飲ませてあげようと、一生懸命に応対してくれます。本当にありがたいことです。

でも、日本人がワインを買う場合、店員さんに質問しているところは、まず見かけません。表と裏に貼ってあるラベルをパッと見て、ボトル全体から受ける印象をちょっとだけ見て、あまりにも簡単に買って行くように見えます。そんなことはよほどのワイン通でも出来ないはずなのですが、それをみなさんやっている。いつもそうやって買っていて、本当に満足しているのかどうなのか、不思議です。

さらに困ることは、日本の酒販店、あるいはワインショップの店員さんたちの振る舞いです。もし店員さんに説明を求めたとしても「これは飲みやすいです」とか「コクがあります」とか、そんな程度のアドバイスぐらいしかしてくれない店員さんも少なくありません。少し熱心で、知識もある（と自分では思っているのでしょう）店員さんでも、これはどこそこのコンクールで賞を取ったとか、お客にちょっと知識があると見ると、このワインは「パーカーポイント」(注31)が何点で、とか、そんなことを言うばかり。そんなものは、本当は、買う人にとって必要のない、はっきり言って無駄な情報です。

もし、日本酒に「パーカーポイント」のようなものが存在したとしても(幸いなことに存在しませんが)、私は、そんなものは全く知りたくないです。どこかの日本酒の「通」の人とか、「利き酒の名人」とかが好きな酒を飲みたいわけではなく、あくまでも「私が」気に入る酒を飲みたいと思うから……。単純で、当然のことだと思いませんか？

それは、ワインでも全く同じです。別にあなたの知り合いでもない、ひとりの元・弁護士のアメリカ人であるロバート・パーカー氏が「個人的に」好きなワインを、あなたが美味しいと思える保証など、どこにもありませんし、ワイン評論家や、有名ソムリエが好きなワインを、あなたが好きになるとは限らない。それなのに、ワインに関する限り、日本人はすぐに「権威主義者」になってしまうようです。

ちなみに、日本のあるインターネット販売サイトの中にある、ワインのコーナーを見ていたら、どの「おすすめワイン」にも、「パーカーポイント何点！」というのが、それこそうるさいほど出て来て、辟易したことがあります。

そもそもワインを「百点満点で何点か」という風に評価すること自体が、私に言わせれば、全く馬鹿げたことです。

それに、パーカー氏はワインを売り込む「セールスマン」としては、実に素晴らしい才能を持った人物だと思います。でも、ワインを味わい、その本質を理解し、そこに秘められた本当の「宝物」をつかみとる「テイスター」としては、土を愛し、素晴らしいぶどうとワインを、自分自身の手でつくりだし、ワインを文字通り「生涯の伴侶」として生きた、私の祖父の方が、パーカー氏より、それこそ百倍も優れていたと思います。

ともかく、パーカーポイントに限らず、ワインの本や雑誌などを読んでいて、有名なワイン評論家や、権威のあるワインガイド、名高いソムリエなどのワインに対する評価が「点数」や「順位」で表されていたなら、そのページは飛ばして読んだ方が良いでしょう。インターネットのサイトで、そういう箇所が出てきたら、その箇所はスクロールして、読まないことを強くお勧めします。

いずれにしても、そのワインが「〇〇賞を取った」ワインだと教えられたり、パーカー氏に代表されるような、ワインの「導師」のような人が「高得点を付けた」ワインだと聞かされると、日本の消費者の中には、特に、ワインに詳しいことを自任する人の中には、それにつられて、自分でも「美味しい」と思い込んでしまう人がいるように思います。そして、どうしてもそれが「美味しい」と思えなかった場合、今度は「自分の舌がまだ肥えていないからだ」と、自分のせいにしてしまう人さえいるのではないでしょうか。こうなるともうほとんど、洗脳、マインドコントロールの世界です。

とにかくその道で「有名な人」が薦めるものに、盲目的に従ってしまいやすい。それが残念ながら日本人の「ワイン愛好家」の、一番大きな欠点です。

メディアがもてはやすワインの「裏側」で

もうひとつ、日本人の「愛好家」が陥りやすい間違いは、ワインの価値を、値段で判断してしまうことです。値段が一万五千円するワインは、二千円のワインよりも、本当に美味しく、あなたを満足させてくれる、と保証できるでしょうか？　答えは完全に「ノー」です。それは、そもそも長期熟成によって味と香りの深みが増すタイプのワインと、造られてから、まだ日が浅いうちに飲む方が美味しいワインと、どちらが「良いワイン」なのか？　という、根本的な問いにも関係します。当然、それは飲む人の好みによって、そして飲まれるシチュエーションによって変わるもので、どちらが「上」と言える種類のものではありません。

それに加えて、この本の第４章でも触れたことですが、現在のワインの価格というものは、ワインの世界の「導師」の評価や、大手の流通、販売業者の思惑によって決められている、という部分が非常に大きいということを、大前提として、頭に入れておかなければなりません。

そしてさらに、その背後には、「ワイン相場」への投機によって巨額の利益を生み出している、国際的な金融グループの存在があることも、忘れてはなりません。

こうした金融グループは、まずワイン生産者に資金を出資します。そして「ワイン醸造アドバイザー」のような人を介して、あるタイプのワインを生産させます。そして、そのタイプのワインに対して投機、すなわち「先物取引」のような行為をします。あとはこの世界の「導師」のような人々にそれを高く評価させ、世界中の「ワイン愛好家」たちを操って価格を吊り上げ、上がったところで売れば、巨万の富が生じる、という仕組みです。ここではワインの価格が、まるで株価や為替相場と同じようにみなされて、その変動を先読みし、あるいは人為的に操作することによって、利潤が生み出されているのです。

このような仕組みを支えているものは、一種の宗教にたとえられるかもしれません。宗教には、教祖と、司祭あるいは僧侶と、教会もしくは寺院の建物が必要です。これを、仮に「世界ワイン教」と名付けるとすれば、教祖に相当するのは、先ほども触れたロバート・パーカー氏のような、カリスマ的なワインの世界の「導師」でしょう。一般のワイン評論家や、ソムリエたちは、さしずめ司祭か僧侶。ワインのガイド本や、ワイン関係のウェブサイト、そしてワインセミナーといったものが、教会や、寺院にあたります。信者は、日本人を含めた、世界中の「ワイン通」を自任する人たちです。

有名なアメリカの醸造家、ロバート・モンダヴィと、国際的な大金融グループの一族に連なる、フィリップ・ド・ロッチルドが造り上げた「オーパス・ワン」は、「世界ワイン教」が生み出した「聖なる飲み物」の典型的な例とでも言えるでしょうか。しかし、私に言わせてもらえるならば、この「オーパス・ワン」は、確かに凝ったやり方で造られたワインではありますが、残念ながら、その値段に見合うほどの、美味しいワインとは思えません。

ただここで強調しておきたいのは、私には、全てのワイン評論家やワインジャーナリスト、ソムリエの仕事をしている人たちを非難するつもりなどないということです。悪いのは、このシステム、仕組みそのものなのです。しかも、ワインという素晴らしい飲み物を、ただお金儲けの道具、投機の対象としか考えていない、このシステムを作り出して、そして今も動かし続けている人々は、私に言わせてもらえれば、ほとんど悪魔的と言っても過言ではないほどの、悪い人たちです。

こうして多くの、まじめにワインを造り、流通させ、販売し、リストランテやトラットリアでサービスしている人々も、そして当然ながら私たち消費者も、好むと好まざるとにかかわらず、ワインを「投機の対象」と考えている人たちのお金儲けのシステムに、巻き込まれてしまっているのです。ある意味、みんなが「被害者」だと言えるかもしれません。

それならどうすれば良いのだ？　と言われても、私の小さな力では、解決策を提示することなど出来るはずもありません。ただ私たちが、そうした一部の「有名な」評論家や「権威ある」ワインメディアが薦める「トレンディーな」ワインを一杯飲むごとに、巨大な利益を生み出す国際金融システムの、小さな一部分に関わっているのだ、彼らの儲けに一役買っているのだということだけは、常に頭の中に置いておきたいものです。

イタリアの有名な思想家、アントニオ・グラムシ（注32）は、こう言っています。自分の無知に気付かないということが、最悪の無知である——。何にしろ、まずは「真実を知っておくこと」が、救いをもたらす唯一の道であることには、変わりありません。

そして「値段の高いワインが、良いワイン」と思い込まされている、日本の（主に富裕層の）「ワイン通」の人たちには、はっきり「あなた方はだまされている！」と言いたいのです。

ワインセミナー？ ノー・グラツィエ！

この章の冒頭で、日本の、特に女性に、ここ十年ほどの間に、ワインが広く受け入れられてきた、というお話をしました。ただ、ひとつ気になることがあります。それは、彼女たちの間で「ワインセミナー」というものが流行しているらしい、ということです。こうした「ワインセミナー」は、カルチャースクールの科目のひとつになったりしているようですから、一種の「習い事」、それも、「おしゃれな」習い事として、多くの日本女性に受け入れられているのだと思います。

実は、私も一度、知り合いに誘われて、「ワインセミナー」というものに、一回だけのゲストとして特別参加したことがあります。女性以外の受講者は、おそらく社会的な地位が高くて、しかし仕事はもう既に引退している、お金に余裕のありそうな、年配の男性たちがほとんどでした。

たしかそれは、かなり有名なソムリエが主催しているセミナーだったと思います。一時間半ほどの間に、六種類か七種類のワインを飲まされました。言い添えておきますが、どれもそこそこ高いお値段のワインばかりで、当然受講料も、私からすると、びっくりするような金額でした（いっそのこと、自分の職業を変えて、ワインセミナー講師になった方が良いかも、と思ったくらいです）。

「授業」では、まず「ブラインドテイスティング」、つまりそのワインの「正体」を隠して、試飲することが行われました。私の興味は、もうそこで失われました。

ブラインドテイスティングなどというものに、そもそも何の意味があるでしょうか。例えばそれが誰かの誕生パーティーか何かで、あくまでもその「余興」としてやる、というならば、単純な遊び、ゲームの一種として私も参加するでしょう。でも、まじめくさって、ただそれがどんなワインなのかを「当てる」ことには、全く意味がないし、明らかに時間の無駄だと思います。ワインを飲むなら、まずはエティケッタ（ラベル）を良く見て、どんなワインかを理解した上で、ボトルの状態をチェックして、何の異常もないことを確認してから、安心して飲みたいものです。何だか得体の知れない液体をいきなり口に含むことなど、本来、あまりに乱暴な行為ではないでしょうか。

それから、ワインの香りや味が、何にたとえられるかを、講師の人から「教わる」ことになりました。例の「このワインの特徴は、バラのドライフラワーの香りがする」とか「コケモモのジャムの味がする」とか、「トーストしたパンの味がする」とか、「なめし革の香りがする」とか、そういうやつです。

ソムリエなど、ワインの「専門家」になることを目指しているならともかく——正直言うと、たとえソムリエであっても、私には、彼らがこうした「表現方法」を必死で身につける必要があるのかどうか、非常に懐疑的なのですが——一般のワイン好きの人が、そんなことをして、いったい何の意味があるのでしょう？

そもそも「なめし革の香り」とかなんだとか、私に言わせれば、笑止千万です。あなたは、生まれてから今までに、なめし革を食べたことがありますか？　それに、本当にワインの中に、トーストしたパンや、スミレやバラや、ベリー系の果物のジャムなどが含まれているわけでは当然ありません。ただ単に、そのワインの香りや味が、そんなものに似ている（かも）ということを、持って回った言い回しで表現しているに過ぎません。それに、そうした香りや味は、単に樽の木の香りが移ったりしただけの場合も多いのです。

仮にそうしたことをセミナーで覚えて、ワインが出てくる食卓で、家族や友人や、お客さんの前で得意になって披露したとしても、心から感心して、尊敬してもらえると、あなたは思いますか？　一般の人が、ワイングラスを手にしながら向かい合って、そんな、はたから見ればわけのわからない会話を交わしている情景は、冷静に見れば、コメディー映画の一場面のようなものです。

そんな意味のない、おかしな「ゲーム」の練習をまじめにするのは、普通の「ワイン好き」の人たちにとっては、時間とお金の無駄遣い以外の何物でもないことは、明らかです。

もし仮に、私に「ワインセミナー」の講師をやってほしい、という依頼が来たなら、そんな無駄なことの練習を、生徒さんにさせることはしません。

ワインは、単にぶどうという植物の実が、微生物の働きによる「化学変化」によってできただけの液体だと、私は思っていません。ワインというものは、その出来を人間が一〇〇％管理することができる飲み物ではありません。その年の降水量や日照時間など、自然の働きによって左右される、ぶどう自体の出来を筆頭として、そのほか様々な、人間の知恵の範囲を超えた偶然が介入して、初めて完成するものです。それはやはり、バッカス＝ディオニソスが私たちに与えてくれた、魔法の飲み物だと私は思います。その神秘について、私は、ワインを愛するすべての人に理解してほしいのです。ですから「私のワインセミナー」がもし存在するなら、まず初めは、そのことを皆さんと分かち合いたいです。

そしてワインは、それが生まれて来た土地の自然環境はもちろんのこと、「食文化」や「歴史」と分かちがたく結びついたものだ、ということを忘れることはできません。

ですから、例えば、セミナーで飲むワインがプロセッコなら、それが生まれて来た、ヴァルドッビアーデネがどんな所なのか、出来れば写真や映像を見ながら、その空の色、畑の様子、これまでどんな歴史をたどって来たのか、そして、そのワインがどんな料理と「一緒に」生まれて来たのかを伝えるでしょう。

それがもし、カルソであれば、カルソの畑の石灰岩だらけの荒れた土地、真冬にアドリア海から吹き上げてくる、激しい風「ボーラ」の、氷のような冷たさについて、そして、そこでの労働の厳しさについて、リアルな形で紹介するでしょう。

それがもし、アルト・アディジェ地方のゲヴルツトラミネールであったなら、私が「世界一美しい」と思う、プレアルピ地方の山岳風景がどんなに素晴らしいか、そして小川の流れが、いかに清らかであるかを、実際の映像を見ながら語るでしょう。

こうしてみれば分かる通り、ワインというのは、いまグラスを傾けている私たちを、一瞬にしてヴァルドッビアーデネへ、カルソへ、あるいはプレアルピ地方へと連れて行ってくれる、「魔法の航空チケット」のようなものなのです。私なら「セミナー」参加者のみなさんと一緒に、この、わくわくするような冒険旅行に出たいと思います。

そして何より、まじめくさってワインを「鑑定する」練習などをするよりも、楽しく快活な雰囲気の中で、私たちの「生涯の友」あるいは「一生の恋人」になるワインを見つけるためには、どうしたら良いのかをお伝えする「セミナー」をやりたいと思います。

もしかすると日本にも、既にそんなタイプの「ワインセミナー」があるのかもしれません。でも、高いお金と貴重な時間を浪費して「ソムリエごっこ」をするようなワインセミナーは、百害あって一利なし。行かない方が良いでしょう。

こんなソムリエはいらない！

ここまで読んで「ワイン関係者の批判ばかりしているじゃないか」と憤慨している「プロ」の方々もいらっしゃると思います。もし怒らせてしまったのなら、ごめんなさい。でも、私は日本のワインを巡る状況が、もっと良いものになってほしいから、日本人とイタリアワインが、もっと親しい間柄になってほしいと考えるから、敢えて苦言を呈しているのだ、ということをどうか理解していただきたいと思います。

そのことを前提に、現在日本のイタリア料理店で働いている、ソムリエの人たちに、お願いしたいことがあります。

もちろん私は、ソムリエという職業が不必要だなどと言う気は毛頭ありません。ソムリエは何世紀も前から、王侯貴族や高位聖職者の館にいて、彼らの食卓に欠かせないワインのサービスをしてきた「ボッティリエーレ」という、名誉ある職業の人々の末裔です。誇りを持って、お仕事をしてほしいと思います。

ただ私は、ソムリエの皆さんには、必要以上でも以下でもない「ちょうど良い加減」の仕事をしていただきたいのです。ソムリエに必要とされる仕事の基本は、三つあると思います。

まずは、それこそ「パーカーポイント」や、高名な雑誌「ワイン・スペクテーター」が付けるポイントやランキングなどには左右されず、本当の意味での「良いワイン」をお店に揃えて、それをベストのコンディションに保つこと、そしてベストコンディションにあるワインを飲むことを、テーブルでお客さんに保証してあげることです。

二つ目は、もしお客さんの側にワインの知識があり、飲みたいワインがあるのなら、そのワインに合う料理が何かを、メニューの中からアドバイスしてあげること、また、これが食べたい、という希望をお客さんがオーダーして来たなら、それに合うワインを「何種類か」紹介してあげることです。ここで「何種類か」と強調するのは、お客さんに自由な選択の余地を残しておく必要があるからです。

三つ目は、お客さんが、リストの中にある、あるいはソムリエが勧めたワインがどんなものかわからず、質問をして来たときに、的確なインフォメーションを与えることです。その生産地がどんな土地で、そのワインがどんな特徴のあるぶどうで造られたものか、ステンレスタンクで醸造されたものか、あるいはセメントのタンクで造られたものか、樽熟成されているのか、そうでないのか、などなど、質問されたら、すべて「正確に、わかりやすく」伝えられないと「プロのソムリエ」とは呼べません。

当たり前のこと、と思われるかもしれませんが、今の日本のイタリアンのお店には、これらの「基本」をないがしろにして、あまりよろしくない仕事の仕方をしているソムリエが、たくさんいると思うのです。

まず筆頭にあげられる「悪いソムリエ」とは当然、より高価なワイン、利幅の大きいワインをお客に飲ませて、お店の利益を増やすことばかり考えているようなソムリエです。こういうタイプに引っかかって、大事なお金をごっそり持って行かれるお客は、本当に不運で、気の毒だと思います。

もう一つは、ここまでさんざん述べてきたような、ワイン・マスメディアや権威あるワイン評論家の評価をそのまま受け売りして、お客さんに勧める、いわば「世界ワイン教」の司祭のようなソムリエです。イタリアンのお店で、パーカーポイントが何点だとか、どこそこのワイン専門誌で高いランクに挙げられていたとか、「ガンベロ・ロッソ」で「トレ・ビッキエーリ」(グラス三つの意味。最高の評価)を取っていたとか、やたらと、「権威筋」の評価を口にするソムリエに出会ったら、その人の言うことは聞かない方が賢明です。

それから、自分のワインの知識をやたらとひけらかしたあげく、いわゆる「上から目線」で、「個人的な」ワインの好みをお客さんに押し付けてくるタイプのソムリエも困ったものです。そもそも自分自身が「ワインマニア」あるいは「ワインオタク」である場合には、こうした「勘違いソムリエ」になってしまう可能性が高いようです。このタイプのソムリエは、あくまでもテーブルの「主役」は、お客さんなのであって、自分はお客さんを助ける「脇役」に過ぎないのだという根本的なことを、忘れてしまっているのではないでしょうか。

最後に、一番たちの悪いソムリエは、自分自身が、ワインの世界の「導師」のような立場になってしまっているソムリエです。ワインの値段を「誘導」するようなことをしたり、マスメディアを通じて大衆を「洗脳」するのは、ソムリエがする仕事ではありません。

今挙げたような、いくつかの「たちの悪い」タイプのソムリエにもし出会ってしまったら、彼らの助言は無視して、いっそのこと自分の「カン」と「お財布の事情」だけを頼りにワインをチョイスすることをお勧めします。もし、それで失敗しても「はずれのソムリエ」に誘導されて、言われるままになるよりはましです。その店で払ったお金は、「授業料」だと思えば良いではないですか。

もちろん日本のイタリア料理店にも、良いソムリエはたくさんいます。ただ、本物の「プロの仕事」をきっちりこなせるソムリエの多くは、かなりお高いお店にいるのが残念です。気軽に食べられるお店にも「本物の」ソムリエが、もっと増えてほしいものです。

私が考える「理想のソムリエ」とは、先に挙げた三つの「基本的な仕事」をきっちりこなした上で、先ほど述べたように、そのワインが生まれて来た土地の風土と、歴史と、食文化についての、リアルなイメージを与えてくれるソムリエです。できれば、ワインの産地の写真も揃えていてもらいたいくらいに、私は思います。ですから、イタリアンの店でソムリエになろうとしている、または既になっている方たちには、出来るだけたくさん現地に足を運んで、大いに飲んで、食べて、生産者を回って……といったことはもちろんですが、それ以外のあらゆる分野での見聞を広め、知識を深めていただきたいと思います。

そしてソムリエの皆さんには、ワインの生まれた土地へと、一瞬にしてお客さんを案内する「魔法の航空チケット」を持って、そこへ連れて行ってくれる、ツアーコンダクターのような存在でいてくれることを希望しています。

逆に、お客さんの側から見れば、せっかくリストランテなどに入って、お金と時間をかけるのですから、今挙げた「たちの悪い」タイプのソムリエに煩わされるくらいなら、いっそのこと、ワインリストだけあって、ソムリエなどいない店に行く方がましだと、私は思います。

「ワイン情報」を集めるより、一本でも多くのワインを！

最後に、いわゆる「ワインガイド」というものについてお話ししましょう。その前提としてまず言っておきたいのは、「イタリアワイン」についての、本当にきちんとしたガイドブックを作るというのは、まず不可能である、ということです。それを作るには、イタリアのぶどうの種類はあまりにも多く、イタリアワインは、あまりにも多様でありすぎます。

もし、作ることが可能なガイドブックがあるとすれば、それは「バルベーラ」とか「チェラスオーロ」といった、あるぶどうから造られるワインに限定したものか、もしくは「トレンティーノ＝アルト・アディジェのワイン」とか、「トスカーナのワイン」とか、地域をしぼったものになるでしょう。

そうやってフォーカスをしぼった上で、ぶどうとワインの分析、歴史と、伝統的な食文化の検証、風土に関する研究、栽培技術の紹介、といった幅広い範囲に渡る、取材と執筆、編集をするとなると、少なくとも十人程度の専門家がチームを組んで、七〜八年かけなければ、「本物の」ガイドブックを作ることはできません。

でも、そんな手間暇とお金をかけて、きちんとしたガイドブックを作ったとしても、出版社としては、全く採算が合わないことは明白です。だから、いままで「本物の」イタリアワイン・ガイドは、イタリア本国を含め、この世に存在していないわけです。

確かに、日本にも「イタリアワイン・ガイド」と銘打った本は、いくつかあります。でも、そのほとんどは、表面的なことにざっと触れただけで、実際に「あなたの」生涯の友となる、あるいは恋人になるワインを探し出すためには、何の役にも立たないものです。

このパターンでなければ、イタリアワイン・ソムリエの「現場での仕事」を進めるための、知識と技術を解説した実用本か、著者の個人的な経験と、趣味・好みを述べただけの、ひとりよがりの本であるか、です。

さらに悪いことには、先にも述べたような、グローバル化され、背後に「ワインの株式市場」で儲けようと企む人々が作った「世界ワイン教」の宣伝にばかりつとめる本もあります。こんな本は、それこそ百害あって一利なしです。

それならいっそ「ガンベロ・ロッソ」などの、ワイン名鑑のような本なら役に立つのか、と言えば、それも違います。こうしたものは、ある程度、現在のワイン市場の動向や、生産者の特徴を知った上で、店のカンティーナを構築する必要があるプロのソムリエ向けと考えれば、とりあえず、ある程度の役には立つでしょう。

しかし一般のワイン好きがそうした本を読んだ場合、むしろ、悪い影響を受けてしまう場合さえあります。なぜなら、何よりもまず、そこに掲載されたワインに付けられている採点——たとえば「ガンベロ・ロッソ」ならば、ビッキエーレ＝ワイングラスの数を見て、それに引きずられてしまうからです。

どうしても「ビッキエーレ付き」のワインが飲みたくなってしまうのが人間の心理ですし、どうせなら、ビッキエーレの数が多い方が良い、ということになるでしょう。これでは、本当に自分の好みに合うワインがどれなのかを、正常に判断する力が、かえって失われてしまうと思われます。

それに、イタリア中に、それこそ無数にある「良いワイン」のうちで「ガンベロ・ロッソ」のようなガイドに掲載されているのは、ほんの一部です。こうしたものは、本来は単なるワインリストのようなものなのですが、一般の人がこうしたガイドを持つと、まるで、それがバイブルのように思われて、そこに載っていないワインの価値を適正に判断できなくなる可能性が大きいと思います。

そこに載っているのが「美味しいイタリアワイン」のすべてでは決してない、それどころか、「自分が実際に飲んだら、さっぱりおいしく感じられないワインも、おそらくたくさん載っているだろう」ということを、冷静に考えながら見ることができる、という自信がある人ならば、買うことを止めることはしませんが、やはり、積極的にお勧めはできません。

それでは、日本でもいくつか出ている「ワイン専門誌」についてはどうでしょう。もちろん、そうした雑誌の記者や、編集者には、まじめな良い仕事をする人も、たくさんいるでしょう。しかし、正直言って、こうした専門雑誌が与えてくれる情報も、ワイン業界で働く「プロ」の人なら押さえておく必要があるでしょうが、一般のワイン好きの人で、普通においしいイタリアワインが飲みたい、自分の好みにぴったりと合うワインを探したい、という人のために役に立つようには、作られていないと私は思います。

それに加えて、ワイン・ジャーナリズムに限らず、ジャーナリズムそのものが抱える問題点があるということは、やはり頭にいれておかなければならないと私は思います。新聞やテレビが、世の中で起きている大事なことを、すべて、しかも、正しく伝えていると信じ込むのは、あまりにも単純でありすぎる、というのと同じことです。ジャーナリストが伝える情報は、あくまでも、ある特定の視点から「現実の一面」だけを切り取ったものにすぎない、ということを知っておかなければなりません。

その上、新聞やテレビ、雑誌といったメディアは、そこにお金を出してくれているスポンサー企業や、その他の「権力筋」の意向や圧力から、常に、そして完全にフリーでいられるものではありません。伝えたくても伝えられないこと、あるいはねじ曲げられた形でしか伝えられないことがあるということは、メディアの中にいる人なら、しばしば経験する苦い現実です。ワイン専門誌にも、必ず「ワイン業界」の企業の広告が載っていることは、実際手に取ってみればすぐにわかることです。当然、ワイン・ジャーナリズムにも、有形無形の「アンタッチャブル」な領域はあるはずです。また、やる気がなくても、スポンサーの意向でやらなければならない特集記事のようなものが、きっとあると思います。

そういったことを忘れて、ワイン専門誌に書いてあることを、それこそバイブルのように、全部鵜呑みにして受け入れてしまうのは、やはり間違いですし、危険なことでさえあると思います。

それでは、最近どんどん増え続けている、ワイン専門のウェブサイトや、ブログなどはどうでしょう。私の知っている限り、私たち一人一人にとっての「運命のワイン」を探し出すために役に立つのは、ほぼ皆無に近いと言って良いでしょう。せいぜい参考になるのは、イタリアの生産者か、もしくは生産者の協同組合が作っている、オフィシャルのサイトぐらいです。そのうちでも本当に興味深いものは、今のところ、残念ながらほとんどはイタリア語で書いてあるものですし、良くて、英語のページが付いている程度です。

結論を言えば、「イタリアワインの道に、近道はない」ということです。自分のワインの世界は、自分自身でこつこつ作り上げるしかありません。そのために私がアドバイスできるのは、

「ワイン情報」を、あれこれ集めるお金と労力があるのなら、その分、一本でも多くの「実際のワイン」を買って飲んだ方が良い、ということです。そう、「紙（情報）よりもワインを！」というのが、私の言いたい、この道の鉄則です。

でも、これほど複雑な、まるでジャングルのようなイタリアワインの世界を、どうやって、自分の力で歩いて、本当の「生涯の友人」あるいは「一生の恋人」となるワインを探したら良いのか、途方に暮れてしまうという方が、おそらく多いでしょう。その「歩き方」については、この本の最終章でアドバイスさせていただこうと思います。

《注釈》

（注31）アメリカのワイン評論家、ロバート・パーカー氏が二カ月に一回発行しているプライベート・マガジン「Wine Advocate」の中で、パーカー氏が紹介する、それぞれのワインに付けられる点数。百点満点の形式になっている。

（注32）アントニオ・グラムシ（一八九一〜一九三七）は二十世紀のイタリアを代表する思想家のひとり。イタリア共産党創設にも関わった。

第7章　どこで買う？　どう保存する？　どうやって飲む？

ファブリツィオのワイン日記⑨

一九九二年　十二月二十五日　東京　蔵前にて

今日は、イタリアにいる母さんに手紙を送った。

僕の大切な母さんへ。ナターレ(注33)に、帰れなくてごめん。でも、もうすぐ僕が日本で携わる、大事な建設プロジェクトが始まるんだ。仕方ない。

僕と一年契約を結んだ日本の大きな建設会社（この国では、ゼネコンっていうらしい）が、僕の日本滞在のために用意してくれたアパートは、東京の「下町」と呼ばれている、古い地区にあるんだよ。古いと言っても歴史が古いだけで、僕のアパートも、その周りの建物も、全部新しいものばかりだけど。

この国では、普通のアパートは、ヨーロッパのものよりもずっと小さいんだ。僕が住むことになったこのアパートも、ずいぶん狭く感じる。でも、日本人のみんなは「十分広いですよ。これなら日本では、子供が二人いる家族が楽に住める広さです」って言ってる。まあ、本当かどうかはわからないけどね。

それにしても、今日は本当に寒い日だ。空は鉛色で、朝は、小さな雪のかけらが空から舞い降りていた。

それに、これは僕にとっては生まれて初めての、ひとりぼっちで過ごすナターレだからね。今朝起きたときは、正直言って、少し悲しくて、ミラノの自分の家が恋しくなったよ。

それから、ひとりで過ごすナターレのための昼食を――とにかく、何か美味しいものを用意するために出かけたら、近所にスーパーマーケットを見つけた。もっとにぎやかな街中にあるような大きな店じゃなくて、この地域の人だけが買い物に来る、小さなスーパーだ。

とにかく、僕には日本語の字が読めないから、買い物には苦労したけど、なんとか箱入りのカマンベール・チーズを買えた。紙の箱の中に金属の缶が入っていて、それを開けると、カマンベールが入っている、という具合。母さん、信じられる？　フランス産かどうかは、わからないな。あとは少しスモークされたハムを買って（これは結構おいしかった）、それから、うんと柔らかい……というか、柔らかすぎる、いや、ほとんどゴムみたいな食感の「バゲット」も買った。

それから、ボルドーの赤ワインも見つけた。メドックの、等級はあんまり高くないものだけれど、値段がものすごく高いんだ。なんと四千円だよ！　冗談じゃなく、ホントに！

でもここは日本だし、僕はまだ日本に来たばかりだからね。それを考えれば、全体としては良い買い物ができた、と言うべきなんだろうね、きっと。

家に帰って、買ってきた物を全部テーブルに並べて、ろうそくに火をともして、それから、バッハの、チェロのソナタのＣＤをかけた。ピエール・フルニエが演奏しているやつだよ。今日は、みんなで一緒に過ごすんだろうね。うらやましいな。テレホンカードを買って来たから、今夜そっちに電話して、みんなに「ナターレおめでとう」の挨拶をするよ。

愛をこめて。あなたの息子、ファブリツィオより

どんな店で買う？　どう保管する？

今は、日本での輸入食材や輸入ワインを巡る状況は、ここに書いた日記のような、一九九〇年代前半とはすっかり様変わりしました。東京に限らず、地方都市でも、いたるところにある大きなショッピングモールを歩けば、美味しいヨーロッパ風のパンや、チーズ、そのほかあらゆるイタリア産の食料品などを、簡単に見つけることができます。ワインについても、当然、状況は激変しました。今では安売りスーパーやコンビニでも、そしてもちろんインターネットでも、イタリアワインが買える時代になっています。

これは、世界的な流行現象の一環として、日本人も、昔よりたくさんのワインを飲むようになったということを証明しています。

ワイン消費量の増加は、二つのポジティブな面を持っています。その一つは、ワインを買う

際の選択肢が増えた、ということです。もう一つは、全体的に、ワインの値段が安くなった、という事実です。安くなったと言うよりも、昔と同じ値段で買えるワインの質が上がった、と言った方が良いかもしれません。

先ほど読んでいただいた「日記」を引き合いに出すと、今なら四千円も出せば、メドックの中級以下のものではなく、かなり上質なボルドーワインか、それに準ずるクォリティの、他のワインを買うことができます。

しかし一方で、ワインの普及には、ネガティブな面もあります。たしかに選択肢は増えたのですが、その代わりに、（中程度か、低価格のワインに多いのですが）まるで「工業製品」のようなワインが、たくさん出回るようになってしまったことです。この二十年の間に、ワインはお店で容易に見つけることができるものになったと同時に、「良いものを選ぶ」ことは、むしろ難しくなってしまった、と言えるかもしれません。

ワインというものは、過去の記憶や、感覚、情動を頼りにして覚えるものであって、ワインガイドでほめてあったからとか、何かの賞を取ったから、または、何かのポイントが高かったから、ということを基準にして選ぶものではありません。

また、ワインのいわゆるブーケとかアロマとかいったものは、単純に「バリック」したから、というような理由でついたもので、そのワインを造ったぶどう本来が持っている本質ではないことも多い、という事実についても知っておくべきです。

今や、工業生産品のようなワインをお店で見つけるのは、とても簡単なことです。しかし、そうした商品は、その時々の、誰かによって操作された、一時的な「流行」と、それに「誘導された」消費者の好みを満足させるためだけに造られたものです。

私が考える「良いワイン」というのは、そのワインを造ったぶどうの、自然な味がするものです。そうしたワインは、飲む人に、それが生まれて来た大地の物語、それを苦労して造った人たちの物語を、語りかけてくれます。しかし、いま市場に出回っているおびただしい種類のワイン、ワインガイドや、ワインの雑誌に紹介されているたくさんのワインの中から「本当に良いもの」を探し出し、手に入れるのは、簡単なことではありません。では、どうすれば良いのでしょうか？

その方法については、この章と、最後の章でじっくりご説明しますが、とりあえずは、その買い方と保存の仕方、というテクニカルな問題から見てみましょう。

なによりもまず、私たちが認めなければならないのは、本当に美味しいイタリアワインは、そんなに安い値段では買えない、という現実です。たとえ、その元々の値段、つまりイタリアでの販売価格がお手頃だったとしても、です。なぜなら日本での販売価格には、イタリアから日本までの輸送費、倉庫での保管代、流通コストがかかります。その上関税がかけられていることも忘れてはいけません。それにもかかわらず、日本の輸入業者の中には、なかなか頑張っている会社が多いとは思います。問題はその後です。

まず知っておきたいのは、どんなイタリアワインでも、日本に着いた時点での価格（現地価格＋輸送費＋関税）をベースとすると、私たちの手元に届く前に、だいたい六〇％から七〇％は、値段が上乗せされてしまう、ということです。その増加分を、輸入業者と、流通業者と、販売店もしくは料理店が分け合っています。これが、日本での慣例のようです。

私たちが「もっと安いイタリアワインを！」と言って抵抗しようと試みても、市場をコントロールしている流通業者が既に確立してしまったこのシステムの前に、できることはほとんどありません。せいぜい、小売り業者や料理店の、良心的な値付けに期待するぐらいです。

いずれにしても、ワインを買う際にまず考えなければいけないことは、そのワインを、どのような状況で、そして、どんな目的で飲むのかということでしょう。つまり、特別な記念日の夕食のテーブルに上るのか、家族の団欒の席で飲むのか、恋人とのロマンティックな語らいの場で味わうのか、あるいは接待や何かのセレモニーなど、フォーマルな会食の席に選ぶのかといったことです。もしくはピクニックや海水浴など、レジャーのお伴にするのか、それとも、長く、ストレスの多い仕事の疲れを癒すために飲むのか、ベッドに入る前の一杯にするのか、などなど。それによって、飲むワインの性格が変わることは、言うまでもありません。

ただ、いずれにしても、ワインがほしい、あるいは必要なシチュエーションになったとき、飲む直前になって慌ててワインを買いに走るのは、良いことではありません。あなた自身の、小さな「カンティーナ＝ワイン倉」を作り、あなた自身の価値判断で、きちんと選んだワインを用意しておくべきです。

そうでないと、コンビニに置いてある工業製品のようなワインを仕方なく買うか、デパートなどで、値段は割高なのに、クォリティは平凡なワインを、とりあえず買わなければいけなくなってしまうでしょう。もしくは、桜の花が咲く季節に出回る、ただ「流行り」だというだけで値段は高く、内容はひどいロゼワインなどを買う羽目になります。

ただ、心配しないでください。本格的なワインセラーを買いなさい、と言っているわけではないですから。ここで言う「小さなカンティーナ」とは、五、六本のワインを、正しいやり方で保管しておける場所を、家の中に作って下さい、という意味です。その方法はあとでご説明します。

とりあえずあなたの「小さなカンティーナ」には、赤、白のほかに、スプマンテ（発泡ワイン）を加えても良いかもしれません。いずれにしても、一、二本の、中、上級の値段のワイン（三千円～四千円）と、それより少し安いワイン（二千円～三千円）を一、二本、そして二、三本の、お手頃価格のワイン（二千円以下）を常備しておくようにすると良いでしょう。

そして時には、たとえば何か嬉しいことがあった時に、自分への贈り物にするとか、あなたや家族の誕生日など、特別な機会に、高級なワインを買ってみるのも良いと思います。ただしこの場合、家でもきちんとした方法でワインを保管することができる、というのが条件です。そうでなければ、高いお金をどぶに捨てるようなことになってしまいますから。

では、そんなことにならないように、家でワインをきちんと保管するには、どうすれば良いでしょう。現実的で具体的な方法を、いくつかご紹介します。

まず何よりも、ボトルの置き場所として、家の中で一番涼しくて暗い場所を選んでください。駄目な場所の代表的なものは、キッチン、ガレージ、そしてふろ場（脱衣所）などです。いずれにしても、振動しやすかったり、強いにおいがあったり、温度変化が急激な場所は避けて下さい。

冷蔵庫の中も、駄目です。たとえそれが、白ワインや、スプマンテの場合であっても、いけません。白ワインやスプマンテなどは、飲む少し前に、ワインクーラーか、もしくはそれに準ずる容器に氷を入れ、その中で冷やすようにして下さい。

もしあなたが、電気冷却式のワインセラーを持っていなければ、ワインは、買って来てから七～八カ月以内に飲んでしまうようにしましょう。それが高級ワインでも（澱が浮いてさえいなければ）なるべく早く飲んでしまう方が安全です。白ワインの場合には、一部の高級品を除いて、造られてから二年以内に飲むほうが良いでしょう。

それから、中級、もしくはそれより手ごろな価格のワインは、ボトルを寝かせて保存してはいけません。そのクラスのワインを、最初からそうして売っている店では、買わない事です。

では次に、私たちの「小さなカンティーナ」に収めるワインを、どんな所で買ったら良いかについて、少し見てみましょう。

日本でワインを買う際に、私たちが直面する問題の一つに、「自社輸入・自社販売」を基本にしている、一種の「ワインのスーパーマーケット」とも言うべき大型チェーン店の問題があります。

こうした店が最初に現れた頃は、様々な価格帯のワインにおいて、なかなか良いセレクションをしている、と思って、私もよく買っていました。しかし、年数が経つにつれて、これらの大型チェーン店のワインセレクションや、販売姿勢が、少しずつ変わってきたのです。店の棚に並んでいる主力商品に、私がこの本の中でさんざん言っている、「工業製品的」ワインが増えてきました。また、ワインに付けられている説明書きにも「有名ソムリエ」のおすすめだとか、ワインガイドやワイン雑誌が評価しているとか、パーカーポイントが何点だとかいう宣伝が、残念なことに出てきてしまったのです。

また、ワインの裏ラベルなどに書いてある、そのワインの特徴についての説明にも「ジューシー」「フレッシュ」「スムース」といったような、陳腐な単語が並ぶようになりました。こういう説明書きを見るたびに、私は、もしも私の祖父が今生きていて「ジューシー」などという単語がワインのボトルに書いてあるのを見たら、いったい何と言うだろう？　と自問自答してしまいます。

ちなみに、これはどんな店でも同じことですが、お店でワインを買うとき、その保管状態や置いてある場所については、常に気を付けて見なければなりません。温度が高すぎる場所や、低すぎる場所に置いてあるワイン、たとえば空調設備の、風の吹き出し口の近くに置いてあるものは、まず良好なコンディションにあることはない、と思ってください。また、明るすぎる場所、照明器具のすぐそばに陳列してあるワインも避けましょう。温度や湿度だけではなく、光もまた、ワインの大敵なのだ、ということは覚えておくべきです。特に、蛍光灯やネオンの光は、私たちの目にも良くないというぐらいですから、ましてや、ワインにとって良いわけがありません。

ちなみに、今は日本にも、かなりの数の良心的なワイン輸入業者があるとはいえ、ごく小さな酒販店やレストランにとっては、ワインを、イタリアや、他のヨーロッパの国から直接輸入するというのは、まだ難しい状況にあります。

それでも、たとえ直輸入・直販することができなくても、頑張ってとても良いセレクションのワインを、リーズナブルな価格で提供している小さな酒屋さんや、リストランテ、トラットリアがあることを、忘れることはできません。

実際、私自身、中・低価格帯の美味しいワインを買うためにしょっちゅう通っている、家族経営の小さな酒屋さんが、東京の代々木にあります。店主の方のワインに対する情熱のおかげで、そのお店には、いつもかなり興味深く、美味しいワインが、お得な価格で並んでいます。

もしもあなたが、こうした良心的なお店やレストランに出会う幸運があったら、是非ひいきにして、そのお店を応援してあげて下さい！

意外に大事な「ワインの栓」の問題

ここで、ワインの栓についての話を、少し詳しくご説明しておくことにしましょう。

ワインの栓というものは何よりも、ワインを湿気と空気から遮断するためのものです。外部の空気が、ワインの栓の隙間などからびんの中に入ることは、ワインにとって、致命的に悪い影響を与えます。

ただし、瓶詰めの前の醸造過程で、微量の空気（酸素）をワインに触れさせることによって、人工的にフルーティーなアロマをワインに与え、柔らかくまろやかな味にしたりする、ミクロオッシジェナツィオーネ（ミクロオクシジェナシオン）という技術もあります。バリックによる熟成などと一緒で、私にとってはあまり好みでない方法ですが……。

ともかく、既にびん詰めされたワインについては、びん内の酸素を一定にコントロールすることが重要です。これを果たすために一番大事なのが、ワインの栓の役割です。

ところで、ワインの栓については、いくつかの異なるタイプのものがあることを覚えておきましょう。

まず、天然のコルクで作られた栓についてですが、同じコルク栓といっても、色々なタイプの、様々なクォリティのものがあることを知っておいてください。コルクの質は、当然高い方が良いに決まっていますが、時には、中級のワインにも、劣悪な質のコルク栓が使われていたりすることが時々あるので、注意が必要です。

現在のところ、上質の、特にボトルの中で長く熟成させなければならないタイプのワインの栓としては、まだコルク栓が理想的なものです。良いコルク栓ならば、二十年から二十五年は、取り換える必要がありません。またコルクの特徴として、びんの中のワインに存在する嫌気性の微生物と、特殊な相互作用を起こして、ワインのボディをしっかりさせたり、味の複雑さを増したりする働きがあると言われています。

最近はコルク栓の代わりに、スクリューキャップを使ったワインも多く見かけるようになりました。通常は、値段の安いワインに使われています。スクリューキャップと言うと、ネガテイブな印象を持つ人も多いようですが、早飲みの安いワイン、特に熟成の必要がない白ワインについては、スクリューキャップを使うことに、何も問題はありません。ただ、残念ながら、スクリューキャップの欠点は「見た目が悪い」ということです。最近は、ちょっと面白いデザインのスクリューキャップを使う生産者も出てきましたが、それでも、やはり見栄えが良いとは言えないのが現実です。いずれにしても、スクリューキャップは、ワインを保存熟成させるのに向いていないことは確かです。

日本ではほとんど見かけませんが、ヨーロッパやアメリカで時々見るのが、ワインに王冠を使ったものです。ただ、覚えておいていただきたいのは、スプマンテやシャンパーニュなどのスパークリングワインを「メトド・クラッシコ」と呼ばれる、瓶内二次発酵によって発泡させる製造過程において、この王冠を使うということです。そして最近では、スプマンテやプロセッコの生産者の中に、お店で売る商品にも、この王冠を用いるところが出てきました。

王冠によってキャップされたワインが、保存する際にも問題がないのかどうかは、専門家でも意見が分かれるところのようですが、私は個人的に、非常に疑問があると思っています。

それから最近増えているのが、様々なタイプの、プラスティックの一種で出来た、合成樹脂の栓です。コルク栓と似たような色を付けてあるものが多いようですが、長期熟成型でない、つまり二〜五年以内に飲むことを前提とした、中級、及び安価なワインの場合は、お勧めできる栓だと思います。いずれにしても、このタイプの栓はびんを立てて保存するワインに向いていると思われますが、質の悪いコルク栓に比べると、むしろこちらの方が良いくらいだと思います。特に、砕いたコルクを固めて造ったようなコルク栓にくらべれば、合成樹脂製の方が、外気に触れてしまうリスクもずっと少なく、良い選択であるのは確かです。

ところで、ワインの世界では昔から「コルク栓の臭い」というのが問題にされます。これは主に、コルクに付いた細菌の一種（アルミッラリア・メッレア）によって付くものです。また、質の悪いぶどうや、醸造過程でのミスで付いてしまう場合もあるようです。これは「はずれのワイン」をつかまないための、重要なチェックポイントです。

では、私たちはこの問題について、どのように判断したらよいでしょう？　とてもシンプルで、どんな場合にも当てはまる格言があります。

「栓にワインの臭いが付いているのは良いが、ワインに栓の臭いが付いていてはいけない」

というものです。

栓に付いていても良い臭いは、ワインの香り以外のものであってはいけません。そして、ワインの方に、栓の臭いや味が付いているのは絶対にダメなのです。

たとえば、私たちがレストランでワインを注文したとき、テイスティングをしますね。そのとき、栓の臭いを確かめることもさせてくれるよう頼んでください。そのとき、コルクが湿り過ぎていないか、あるいは乾燥しすぎていないかも、良く見て下さい。

それから、グラスにワインを少し注いでもらいます。ワインが注がれたら、グラスを優しく回してみて下さい。そして、香りを確かめます。このとき、ワインに濡れた木のような臭いが付いていたり、かびのような臭いがしたり、殺菌剤のような臭い（まだ乾いていないセメントのような臭いです）がしたら、もしくはコルク栓の臭いそのものが付いていたら、もう、そのワインは、アウトです。ウェイターさんかソムリエの人を呼んで、ボトルを交換するよう頼んで下さい。このとき、決して遠慮していてはいけません。コルク栓の臭いや味が付いたようなワインは、絶対に飲んではなりません！

もしそのワインが、レストランで注文したものでなく、どこかのワインショップなどで買って来たもので、買ってからあまり日が経っていないにもかかわらず、家で栓を開けて、同じことに気付いた場合は、そのワインはお店に返品して、別のボトルに替えてもらってください。たとえ栓を開けてしまっていても遠慮することはないのです。そのワインが高価なものか、安いワインかは関係ありません。これはワインを飲む者の権利であり、厳格な決まり、と言っても良いものだからです。

ファブリツィオのワイン日記⑩

一九六九年　四月二十七日　日曜日　ミラノにて

昨日の朝は、父さんが僕を起こしに来た。すごく珍しいことだ。家の中はまだ暗くて、母さんも含めて、家族はみんなまだ眠っていた。

眠い目をこすりながら、なんとか意識をはっきりさせようとしていると、どこか遠くから、そう、キッチンの方から音が聞こえてきた。どうやら父さんが朝食の用意をしているらしい。これは、すごくすごく、珍しいことだ！　甘くて苦いコーヒーの香りが、もう家じゅうに漂っている。

「父さん、何をしてるの？」と訊ねると、父さんがキッチンのドアを大きく開いて、半分押し殺した声で叫んだ。

「早く起きろ、この寝ぼすけが！　今日は、瓶詰めをしなきゃいけない日だぞ！」

これでようやく僕にも、なぜ今朝に限って、父さんが興奮しているのかがわかった。今日は自家製のワインを、瓶詰めする日だったんだ！

僕が、大急ぎで朝食を食べ、地下にあるカンティーナへ降りてみると、父さんは既に、全ての準備を整えていた。いったい父さんは、何時に起きたんだろう！

そこには、たくさんのびんが、全部さかさまにして、木の箱の中に整然と並べられていた。一本一本のびんは、小さな紙で覆ってあった。それから、瓶詰め機も既に用意してあった。瓶詰め機の横には、パラフィン液を満たしたたらいがあって、その中に、たくさんの新しいコルク栓が浮いていた。瓶詰めをする前には、栓は少し水気を切らなければならない。父さんは、パラフィン液の中に浸しておくと、コルク栓は、より良い状態でびんの口を閉じられるようになるんだ、と言っている。

三十分ほどすると、父さんの友達の、セルジオさんがやってきた。そして本格的に「瓶詰め作業」が始まったのだった。

父さんとセルジオさんは、大きくてすごく重い「大びん」を、かなり高いところに置いた台の上に乗せた。父さんが大びんの中にゴムのチューブを突っ込むと、まるで魔法のように、チューブの中をワインが流れはじめ、口に大きな漏斗を差し込んだ、最初のびんの中にワインが満たされていった——。

それからは、とても手早く、正確な仕事が、整然と進行して行った（ワインは、びんの中に入ったらすぐさま、栓をしなければならない）。残念ながら、僕にできる仕事は、瓶詰めの終わったワインのボトルを、箱の中に並べて行く作業だけだったけれど。

でも父さんは、忙しい作業中に二度、チューブから直接、ワインを僕に味見させてくれた。

それは……何といったら良いのだろう……普通のワインと比べて、変な感じに「生っぽい」味で、ほとんど発泡ワインみたいなものだった。

十時ごろになって、母さんが、生ハムとサラミとパンが大盛りに乗せてある大皿を持って、カンティーナに降りてきた。そして、僕に新しいワインを飲ませたりしないように、父さんに向かって百回は繰り返して言いながら、帰って行った。

でもはっきり言って、瓶詰め作業をしていると、ワインは飲まなくても、呼吸をするたびに鼻から入り、喉を満たし、しまいには皮膚から沁みこむみたいな感じになって……それが眠るまで続くんだ。

だから、その夜はベッドに入ってからも、目を閉じるまで、僕はワインの海の上に浮かんでいるような感じだった。

それから、夢を見た。素晴らしい夢だった。僕はもう小学校を卒業しているけれど、夢の中では小学生だった。新しい自転車を買ってもらって、広い草原の中を、小学校のころの友達と一緒に突っ走っていた。すごく爽快な気分だった。……それから僕は、以前飼っていたネコの「ムーチ」と会った。もうとっくに死んでしまったんだけど、夢の中では生きていて、すごく元気だった。「ムーチ」とじゃれ合って……僕は幸せだった。本当に……どう表現していいのかわからないくらい、幸せな気持ちだった！

現地でイタリアワインを買う

ところで、イタリアワインが好きになれば、イタリアそのものに興味がわいて、旅行をする機会があってもおかしくありません。行く機会があれば、現地でワインをいろいろ目にして、買ってみようという気持ちになる人もいるでしょう。ここで注意したいのは、ワインを「買うこと」そのものが目的でイタリアに行くのは、お勧めしないということです。なによりもまず、まとまった数のワインを日本に持って帰るには、関税がかかります。また、一、二本のワインを買うために、わざわざ飛行機に乗って行く人はいないでしょう。

しかし、イタリアを旅行したついでにエノテーカ（酒屋）に立ち寄って、自分が好きなぶどうやワインについていろいろと見聞を広めてみるのは、とても良い経験になります。たとえばサンジョヴェーゼぶどうのワインが特にお気に入りの人なら、フィレンツェやシエナのエノテーカに行って、どんなものが置いてあるのか見てみると楽しいと思います。日本で付いている値段より、格段に安いのはもちろんです。

また、スーパーマーケットなどに行って、見たことのないリーズナブルなワインを試してみたりするのも、面白いものです。もしはずれだったとしても、惜しくはない値段です。

そして、これはというものが見つかったら、買って、現地で飲んでしまうことをお勧めします。ですから、旅行中にワインの栓抜きは必携品。ホテルの部屋へ持って帰って飲んでも良いですが、ワインと一緒に、その辺でパニーノでも買って、どこか景色の良いところへ持って行って栓を開けてみるのはどうでしょう。美しい風景を眺めながらワインと共に過ごすひとときは、きっと最高の旅の思い出になります。

僕自身、人生で最も印象に残っているワインとの思い出のうち、いくつかは、そうして屋外で飲んだときのものです。たとえば、ヴェネツィアでもひなびた雰囲気を残すトルチェッロ島へ行ったときに飲んだプロセッコ。秋深いヴェネツィア潟の水面に、ミルクを流したような霧が漂う幻想的な風景とあいまって、その味は忘れられません。

あるいは、夏の夕暮れ、フィレンツェの街を見下ろす丘の上にある、サン・ミニアート・アル・モンテ教会の近くで飲んだ、キャンティの味。実はそのキャンティは、前にもお話しした、自分自身で造ったキャンティ・ワインのうちの一本で、客観的な出来ばえはあまり自慢のできないものでした。それでも、夕陽がアルノ川の川面を美しく染め上げ、ドゥオーモの円やねが魔法のように照り輝く様を眺めながら飲んだその一本は、今までに飲んだどのキャンティよりも鮮明な記憶となって心に残りました。

こういう時は、グラスなんか何でもいいんです。ただ、大人なのですから、周囲の状況には、十分配慮しましょう。大勢の人が見ている場所や、他人を不快にさせる場面、常識的にお酒を飲むような雰囲気でない場所は避け、独り静かに飲むこと。そしてごみはきちんと持ち帰るのが、最低限のルールです。

現地のリストランテやトラットリア、オステリアなどに入ってワインを飲むのも、イタリアワイン好きなら、料理と同じくらい楽しみなはず。日本のイタリア料理店で飲むのよりずっと安い値段ですし、何より雰囲気が違います。そのワインが生まれた環境で飲む一杯は、味わいも、いつもと確実に違うでしょう。

醸造所を訪ね、生産者と会ってワインを味わう楽しみ

この本の第4章でもご紹介したマリオ・ソルダーティは、今から四十年以上前に、ワインを本当に良く理解するためには、それを造った人の顔を見る必要がある、といったことを語っていました。これは、現在にも当てはまることです。それどころかむしろ、ワインとワイン文化がグローバル化され、造り手と飲み手との距離がどんどん遠くなり、ワインについての好みや価値観までが、国際的な大企業や、投資家や、銀行家や、マスメディアによってコントロールされ、管理され、誘導されるようになった現在、以前にも増して価値のあることになっている、と言って良いかもしれません。

醸造元を訪ねて、ワインを造っている人に会うこと、とりわけ、手作りの職人的な手法で、

上質なワインを造るために頑張っている、小さな生産者に会うことは、きっと素晴らしい体験になり、またワインについて、いろいろと学ぶことも多いと思います。

もし、皆さんがそうした「良心的な」イタリアワインの生産者を訪ねたなら、今では徐々に失われつつある、「古い」ワイン倉の、湿った暗い空間の、独特な雰囲気と、ワインの香りと、樽の木の香りが混ざり合った、魅惑的な感覚を体験することになるでしょう。

私自身、まだ小さな子供のころから、祖父のワイン倉に入らせてもらったり、父に連れられて、昔風のオステリアに行って、地下のカンティーナに入る機会が、幾度となくありました。そのたびに私はまるで、中世の錬金術師の、神秘的なラボラトリーにいるような気持になったものです。

ところが最近の傾向として、醸造所に行っても、有名無名を問わず、建築家やインテリア・デザイナーが設計した、最新モードの空間になってしまっていることがよくあります。かわいそうなソルダーティ！　そうした、新しい「見せるための」醸造所の代表例が、世界的な建築界の「スター」、レンツォ・ピアーノが設計した、トスカーナ州グロッセート県のガヴォラーノにある、『カンティーナ・ラ・ロッカ・ディ・フラッシネッロ』です。

しかし、この現象は、イタリアで生まれたものではありません。もともとは、アメリカの、カリフォルニア州、ナパ・ヴァレーにある『ドミニュス・シャトー・ペトリュス』が、スイス人のジャック・ヘルゾグと、ピエール・ドゥ・ムーロン（東京にある『プラダ』のショップを手がけた人物です）によって設計されたのが始まりとされています。

今日では、これら、デザイナーやアーキテクトによってデザインされたカンティーナ＝醸造所で、展覧会や、ファッションショーや、各種のイベントまで行われるようになっています。そして、いわゆる「エノ・ツーリスト」たちは、そうしたイベントを楽しみながら、ワインを味見し、その土地の名物料理を食べ、夜はその敷地内に造られた、快適な宿泊施設で眠ることができます。こうしたことは、既に世界的な流行となっていて、イタリアでも、ピエモンテやトレンティーノ、ロンバルディアやトスカーナを含めた、多くの州で行われています。

そんなイタリアワインの楽しみ方をしてみたい、と思う方も、読者の中にはいらっしゃると思います。しかしここで、こうした「スーパー・カンティーナ」のリストをご紹介することを、皆さん期待されているとしたら、ごめんなさい、がっかりさせてしまうことになります。

なぜか。正直に言わせていただきます。好きでないからです。……時々私は、懐古趣味的な年寄りのような考え方になってしまうことがあります。でも、本当は、それは本意ではありません。ですから、イタリアのぶどう畑の中に、こうした新しい建築が建てられることが、理にかなった、正しいことだ、と思うことを、試みたりします。

「本質的には、彼らのやっていることは、ルネサンス時代にメディチ家(注34)がやった事と同じではないか。もしメディチ家の人々が、田園にそうした〝文化センター〟を作ろうというプロジェクトを実行しなかったら、現在世界遺産にまで登録されている、ヴィッラ・ペトライアや、カレッジの別荘などの建物は、今、存在していないじゃないか。一四九二年に死んだ、ロレンツォ・デ・メディチ(注35)の命によって、ミケロッツォ(注36)が、マルシリオ・フィチーノ(注37)のサロンを作らなかったら、トスカーナの田園に人文主義のインテリたちが集まって、新プラトン主義(注38)の思想が育まれることにもならなかったじゃないか……」

そんな風に考えようと努めることもあります。でも、駄目なのです。私は個人的に、こうした新しいタイプのカンティーナや、「エノ・ツーリズモ」という、新しい商業コンセプトを、どうしても受け入れることができないのです。

では、どうしたら良いのでしょうか？　新しい商業コンセプトによって作られた、マリオ・ボッタや、リチャード・マイヤーや、マッシミリアーノ・フクサスら、現代を代表する建築家たちの作品が悪いものだとは言いません。ただ「お願いだからそうした建物を、美しいぶどう畑から、離れた場所に建ててほしい！」そう思うのです。

もしこの段の最初にお話ししたように、イタリアのカンティーナのうち、小さくて良心的な生産者を訪ねることをあなたが望まれるとしても、それを探すのは、簡単ではないでしょう。でも、少しの努力と辛抱をすれば、可能なことです。

もし、小規模で良心的な生産者と会うことができたなら、彼らと話し、たくさん質問をして下さい。しかし、何よりもまず、彼らのカンティーナの中や、ぶどう畑や、田舎の風景を良く見て、目に焼き付けて下さい。そして、土と樹の香りを感じ、色を見て下さい。空と雲、空気、そういった、その土地のぶどうを作り出す全ての自然を、全身で体感してみて下さい。きっとそれは、あなたにとって、生涯忘れられない体験になるでしょう。

《注釈》

(注33) イタリア語でクリスマスの意。

(注34) フィレンツェの、代表的な豪商の一つだった一族。銀行家、政治家として台頭し、十五世紀後半には、実質的な支配者となり、一時失脚した後、十六世紀には「トスカーナ大公国」の君主となった。芸術家や学者のパトロンとして、フィレンツェでルネサンス文化が花開いたのに、大きく貢献した。

(注35) ロレンツォ・デ・メディチ(一四四九〜一四九二)は、サンドロ・ボッティチェリらの芸術家や、マルシリオ・フィチーノ、ピーコ・デッラ・ミランドラといった人文主義の学者・思想家たちを援助し、パトロンとなってルネサンス文化の発展に大きく寄与した。

(注36) ミケロッツォ(一三九六〜一四七二)の本名は、ミケロッツォ・ディ・バルトロメオ。ルネサンス期の建築家・彫刻家。

(注37) マルシリオ・フィチーノ(一四三三〜一四九九)は、ルネサンス期の人文主義者。コジモ・デ・メ

ディチからカレッジのヴィッラ（別荘）を与えられた。以後、そこを主な拠点とする人文主義のサロン「プラトン・アカデミー」の中心人物として、ルネサンス期の哲学、神学の発展に大きく貢献した。（注38）プラトンの「イデア論」を継承し、三世紀にプロティノスによって確立された思想。十五世紀のフィレンツェで再び注目され、研究された。美に対するプラトン的な愛によって、人間は神の領域に近づける、という考え方により、ルネサンス期の芸術、文芸にも大きな影響を与えた。

第8章 「イタリアワインの深い森」の歩き方

これまでの章で私は、ワインについて様々な側面、様々な観点からお話ししてきました。それらのすべては、まだ子供のころから今に至るまで、私自身がワインと身近に接し、良い関係を築き、積み上げてきた、たくさんの経験をベースにしたものです。ですが、私はいわゆるワインの世界のエキスパート、その道の「プロ」ではありません。ワインというものに強く魅せられた、ひとりの「注意深いワイン呑み」に過ぎないと思っています。

では、これからワインについてのあれこれを知りたいと願っている人、もしくは、もっと深く知りたいと思っている人、そして、何かのきっかけで突然ワインに目覚めてしまい、この素晴らしい飲み物に強い関心と情熱を持つようになった人は、何をすれば良いのでしょうか?

第6章でも述べたとおり、「ワインガイド」や「ワイン評論家」、「ワインセミナー」といったものは、皆さんが思っているほど、信用に値するものではありません。唯一の方法は、自分の「ワインの世界」を、自分自身で構築することです。そのためにまず、何にも優先して必要なことは、ワインを巡るひとつひとつの経験や発見を、自分の「喜び」とすることです。なぜなら私たちは「ワインとは喜びである」ということを、決して忘れてはならないからです。

そして、これも第6章でお話しした通り、ワインは私たちの良き友人となってくれるものであり、同時に、私たちを「想像の旅」へといざなってくれる「魔法の航空チケット」にもなってくれます。そして時には世界中の、そのワインが生まれた土地のワイン店へ、醸造元へ――

そこがイタリアでも、フランスでも、ポルトガルでも、あるいは世界のどこへでも――出かけて行って、美味しい一本のワインと出会うための、きっかけとなってくれることさえあります。そうしたこともまた、ワインの「愉しみ方」のひとつです。

そうやって私たちが「ワインの世界」を存分に旅すれば、それに見合った知識と経験も身に付くでしょう。そうして一歩一歩「自分の友達であるワインのリスト」を築き上げて行けば、いつか「ワインガイド」を読んでも、ワイン専門誌に書いてある「評論家」の勧めを目にしても、それに引きずられることなく、余裕を持ってそれらを楽しめるようになるでしょう。そして、それがどんなに高名なワインの「導師」の御託宣でも、自分自身が納得しなければ、そのワインを「買わされてしまう」ことはなくなるでしょう。

この最後の章では、そうなるまでの道のりを、じっくりお話しして行きたいと思います。

ファブリツィオのワイン日記⑪

一九八一年　九月五日　ブルゴーニュ　フィクサンにて

私の父、ブルーノへの絵はがき

僕の大切な父さんへ。

僕が今回の旅で手に入れた、この絵葉書に写っているのは、サン・アントワーヌ教会と、その周りに広がる、ピエール・ジュランのぶどう畑だよ。ここに僕は、好きなワインのひとつ、「フィクサン・ルージュ」を買いにやってきたんだ。僕に言わせればジュランのそれは、本当に特別だよ。

父さんがいつも「フランスワインは、造り方に手をかけすぎていて、気に入らない」って言っているのは知っている。でもここへやって来て、ブルゴーニュのお百姓さんたちがしていることを見れば、彼らは、僕たちイタリア人よりもっと、良い「土」と、畑をとりまく環境＝テロワールに心を砕いているのがわかると思う。

ジュランでは、同じ種類のワインを、四つの違う「クリュ」で採れるぶどうから造っている。同じぶどうを、四つの違った、小さな畑から採っているんだよ（二ヘクタールから五ヘクタールの）。これって、まさに父さんがいつも言っている「美味いワインを造るのは、まず何よりも土！　テクニックは、その次だ！」っていう意見を、実行している、良い例じゃないのかな？　僕は近い将来、イタリアでも、これと似たやりかたが広まると信じているよ。

愛をこめて　あなたの息子、ファブリツィオより

ワインの「呼称」のジャングルで

人と人が知り合う場合には、まずは挨拶をして、自己紹介をしなければいけません。ワインの場合も、同じです。ワインの場合は「エティケッタ＝ラベル」が、名刺の代わりになります。そしてしばしば「コントロ・エティケッタ＝裏ラベル」が、とても重要なものになります。

このエティケッタを見る際に、まず私たちの前に立ちふさがるのが、ワインの様々な「呼称」について理解しなければならない、という壁です。

イタリアワインの場合、その「呼称」の種類は、簡単に言えば次のように分類されます。

①ヴィーノ・ダ・ターヴォラ（Vino da Tavola）

この呼称からは、そのワインについての漠然とした情報しか理解できません。いずれにしても、ワインの特徴やクォリティを知ることは、エティケッタを見ただけではできません。また、この表示を付けられたワインには、ワインの造り方に関する決まりを含めた、政府から義務付けられた決まりは何もありません。ただ、そのワインの色と、ワインに酸化防止剤が含まれていることを、エティケッタか、裏のエティケッタに記載するだけで良いことになっています。それ以外のすべては、生産者の裁量に任されています。

では、この呼称をつけられたワインは、どれもが粗悪なワインなのでしょうか？必ずしもそうとは限りません。「ヴィーノ・ダ・ターヴォラ」の呼称を与えられていながら、それなりに上質で、値段も高く、有名なワインがあります。それが、「インターナショナルな」ぶどうで造られていたり、もしくは全く新しい種類のワインである場合、生産者が、イタリア政府によって制定された規則によって統制されたり、何かの認可を受けたりする煩わしさから逃れて、オリジナルなワインを造り出したい場合に、敢えて、この呼称を選択する場合があるからです。多くの「スーパー・タスカン」と呼ばれたワイン、たとえば「ソライア」やアンティノーリの「ボルゲリ・スーペリオーレ・グァド・アル・タッソ」、そして「サッシカイア」などは、初めはヴィーノ・ダ・ターヴォラとして世に出て、その後、「D.O.C.」や「I.G.T.」の呼称に変更されたものです。

これらのワインの特徴は、というより、これらのワインの生産者の気質は、と言った方が良いでしょうか——とても「イタリア的」だと思います。つまり、根本的に「規則というものが大嫌い！」というところが、イタリア的だと思うのです。

しかしこの状況も、ここ十年から十五年ぐらいの間に、変わってきました。多くのまじめな生産者が、「呼称」というのも、自分たちのワインが、マーケットの中でその立場を保って行くために、役に立つものだと気付いてきたからです。

もし、私が「スーパー・ヴィーノ・ダ・ターヴォラ」と呼ぶものを、あなたが飲みたいと思うのなら、どうぞ飲んでください。それらは「ワイン・スペクテーター」のようなワイン雑誌も大好きなワインです。飲めば、きっとあなたも「トレンディー」で「インターナショナル」な人になれるでしょう。ただ、気を付けて下さい。それが、もう十分すぎるほどお札でいっぱいの、生産者の財布をさらに肥えさせ、ワインを「金融商品」のように扱う人々の懐まで豊かにしているのだ、ということを知らないといけません。

②インディカツィオーネ・ジェオグラフィカ・ティピカ(I.G.T.)

この呼称を付されたワインは、原料となったぶどうの産地が、（ほぼ）正確にわかるものです。すなわち、エティケッタに示された、地理的に特定の場所で栽培されたぶどうを最低でも八五％使って造られたものです。もし生産者が望めば、さらに詳しく、どの畑で採れたぶどうかなど、それ以上の情報をエティケッタに表示することができます。

③デノミナツィオーネ・ディ・オリージネ・コントロッラータ(D.O.C.)

ある正確に規定された地域から採れたぶどうで造ったワインに付される呼称です。このワインには、政府が作った一定の規則を順守することが求められます。すなわち、使用されたぶどうの生産地域、畑の表示に関する規制の他に、醸造方法に関する規則も、守られる必要があります。「D.O.C.」が基本的に保証するものは二つです。一つは、それが決まった（規制に適合した）造り方を守って醸造されたものであること。もう一つはぶどうの生産地。ただし、これはそのワインが「美味しいかどうか」を保証するものではありません。なぜなら、優秀な生産者も、残念ながら、そうでない生産者もあるからです。

④デノミナツィオーネ・ディ・オリージネ・コントロッラータ・エ・ガランティータ(D.O.C.G.)

特に格が高く、「D.O.C.」よりもさらに厳格な規定を守って造られたワインに付される呼称です。そして「D.O.C.G.」は、イタリアワインに付される呼称の中で、最高の厳しい条件を伴ったものです。この承認を得るためには、少なくとも五年間は、「D.O.C.」ワインの格付けを保ち続ける必要があります。ただ「D.O.C.G.」についても、話は「D.O.C.」と同じで、その呼称は、単に使われるぶどうの栽培地と製造法についてだけを保証するもので、その生産者の、美味しいワインを造る力量を保証するものではありません。それを決めることができるのは、私たち消費者、すなわち「飲み手」だけなのです！

「初めまして。私はバルバレスコです」

ここで、エティケッタに記されている可能性がある、他の表示などについても、ご説明しておきましょう。

まず、エティケッタに「VQPRD」と書かれている場合です。「何かわけのわからないことが書いてある！」と心配しなくても大丈夫です。これはVini di Qualità Prodotti in Regioni Determinateの略です。EUによって付せられていた古い表示で、あまり意味を考えなくても良いと思います。ちなみにこの表示は、二〇一〇年に廃止されました。

このほかに、イタリアワインのエティケッタに付されている、いくつかの、意味のある表示について見てみましょう。

●RISERVA（リゼルヴァ）

これは、その種類のワインの中で、通常の規制をクリアしているワインよりも、さらに長い熟成を経たワインに付される表示です。当然、エティケッタには、通常の「D.O.C.」や「D.O.C.G.」と同じように、ぶどうの収穫年（アンナータと言います）も表示されます。

「ラベル」の読み方

❶ワインの名前（ワインの種類)。このワインの場合は、バルバレスコ。

❷「D.O.C.」法に基づいた、ワインの「呼称」。このワインの場合は（D.O.C.G.）ワイン。

❸「RISERVA（リゼルヴァ)」つまり、通常のものよりも、長い期間熟成させたワインであることを示す表示。基準となる期間はワインの種類によっても異なる。バルバレスコの場合、ぶどうが収穫された年の11月1日から始まって、50日間以上の熟成を経て、さらに木の樽の中で最低9カ月間寝かせたものにこの表示を付すことができる。

❹アンナータ＝収穫年の表示。

❺「ヴィニェーティ・イン・ポーラ」と書いてある。ワインに使われたぶどうが採れた畑の、正確な名前の例。

❻同じ収穫年の、同じワインの生産本数。

❼このボトルのシリアルナンバー。

❽この生産者のロゴマーク。

❾このワインが、ぶどうの生産者と同じ会社で瓶詰めされたことを示す表示。

❿生産者（醸造元）の名前。

⓫内容量の表示。

⓬内容量が、EUの統一標準規格に適合していることを示す表示。

⓭アルコール度数表示。

⓮我々消費者には関係のない、生産者のコード番号。

「エティケッタ＝

❶
BARBARESCO
❷ DENOMINAZIONE DI ORIGINE CONTROLLATA E GARANTITA
RISERVA ❸
1988 ❹
VIGNETI IN
PORA ❺
PRODOTTE 15,085 BOTT. ❻
№ 4751 ❼
❽
MANIFESTO DEL 1894
❾ IMBOTTIGLIATO ALL'ORIGINE DAI
PRODUTTORI del BARBARESCO ❿
Soc.Coop. r.l. - BARBARESCO - Italia
⓫ 750ml.℮
303/CN
13,5%vol.
⓬ ⓮ ⓭

●CLASSICO（クラッシコ）

通常のものよりも、古い地域にある特定の畑で栽培されたぶどうを使って造られたものに付される表示です。

●SUPERIORE（スーペリオーレ）

通常の規定で定められた、そのワインが含んでいるべき最低限のアルコール度数よりも、一定以上多くのアルコールを含有しているワインに付される表示です。

今述べたイタリアワインの「呼称」＝カテゴライズに関する法律は、数度の法改正を受けて形が変わり、今のようになっているわけです。

でも「要するにD.O.C.G.から順に上質で値段も高いワインなんですか？」と訊かれると、今ご説明したように、必ずしもそうとは言えなくて、ますますわからなくなります。それはほとんどジャングルのような、混沌そのものの世界です。

では、このジャングル＝深い森を、どう歩けば良いのでしょうか。とりあえずは、実例を見ながら、ワインの名刺＝エティケッタの読み方をご説明しましょう。

エティケッタ（ラベル）は、生産者やワインによって、様々に個性的なデザインがなされています。そのため、各表示の位置や大きさなどは、そのワインごとに違います。ここに挙げたエティケッタは、あくまでも一例として、参考にしてください（二二六ページ〜二二七ページ参照）。

少し慣れれば、基本的な表示については、すぐに見分けられるようになります。なお、エティケッタに表示してある情報量も、そのワインによって差があります。

ここではかなり詳しい内容が書かれたエティケッタを例に挙げます。「プロドゥットーリ・デル・バルバレスコ」という非常にまじめな生産者のものです。

「D.O.C.」とはそもそも何を意味するのか？

フランスワインのことを知っている方なら、似たようなカテゴリーがフランスにもあることも知っていらっしゃることと思います。

ここまででお話しした通り、ワインのキャラクターやクォリティを決める要素として、土地、すなわちそのぶどうが採れた畑の正確な場所がとても重要になります。このことは、イタリアのお百姓さんたちも、昔から良く知っていました。しかしながら、ワインを、そのぶどうが採れた正確な「場所」によってクラス分けする必要があると、最初に見抜いたのは、フランスの生産者たちでした。

フランスのワインのカテゴリー分けは、こうしたことを背景に出来たものでした（これまで見てきたように、最近は残念ながら、ワインの製法が、ワイン個々のキャラクターの違いを小さくし、どんどん、グローバル・スタンダード化させているのですが）。

そしてイタリアでも、一九六〇年代から主としてワインの「出身地」を保証するものとして、「D.O.C.」法ができたのです。つまり「このワインはどこの馬の骨かわからない」ようなものではないですよ、ということの保証なわけです。

それに、イタリア人には、六十年ほど前まで「法律」や「決まり」のようなものを頼りにワインを認識する習慣がありませんでした。それは個人的な（地域的に狭い）知識に基づいたもので、それで十分でした。たとえば、「インフェルノ」といえば、ロンバルディアのヴァルテッリーナ地方の、ある限られた町や村で造られたものと決まっていて、それ以外の「インフェルノ」が出回る心配などありませんでしたから、法律で「〇〇で造られたものだけをインフェルノ・ワインとする」などと、わざわざ規定する必要がなかったのです。

また第1章でもお話しした通り、自分が住んでいる地域以外のワインや、外国のワインを飲むことができる人は、少数の貴族やブルジョア階級の人々に限られていました。九九％の、農村や小都市に住んでいる人は、今自分が飲んでいるものが、どこで誰が造った、どんなワインかを良く知っていました。たとえば、これはカステルヴェトロ村の、どこそこで採れたぶどうで造ったワインだとか、サンマルティーノ修道院のワインだとか、さらに詳しくなればこれは親戚のジョヴァンニの、あの畑のマルヴァジアぶどうで造ったワインだとか、これは知り合いの、マッシモ・ビアンキのところの、あの畑のボナルダで造ったワインだとか、みんな承知して飲んでいたわけです。

かつてはそれらの人々が、他の地方や外国のワインを飲む機会は、移民したときか、戦争で外国に出征したときぐらいでした。そうして、戦争や移民生活から故郷に帰ってきた人々が、今までとは違ったワインの造り方とか、飲み方を、自分の土地に持ち帰ることもありました。それが、その地域のワインの造り方に変化を与えることもありました。しかし、そうしたプロセスは、とてもゆっくりしたものでした。

そこには、法律とかカテゴリー分けなどが入り込む余地はないし、その必要もありませんでした。ワインに「エティケッタ（ラベル）」を貼る必要さえなかったのです。その当時のワインはほとんどが、第１章でも見たとおり、自分でオステリアへ、びんや、胴体を菰で巻いたような大びんを持って行って、量り売りしてもらうものでした。

ここで思い出していただきたいのは、かつてイタリアワインの世界では、たとえば、南イタリアのプーリア州で造られた「ピエモンテワイン」のようなまがいものを、多くのたちの悪い製造者や販売業者が売りさばいていたという事実です。こうしたことは、有名なスキャンダル

「美味しいワイン・フェラーリ事件」が起きる以前、一九六〇年代から起きていたことでした。ですから何かワインの質を「監査」する仕組みが、ぜひとも必要になっていました。

この時代、イタリアワインの市場は、フランスワインよりも時期的に遅れて、地理的に広がり、インターナショナルな規模になりました。そして、一部の生産者の名前があまりにも有名になったと同時に、普通の生産者の「顔」が見えなくなりました。そうなって初めて、イタリアでもワインをカテゴリー分けし、「このボトルの中に入っている液体は、どこで、どんなぶどうから造られたワインですよ」ということを、誰かが「保証」してくれる必要が生じたのです。「D.O.C.」法は、こうした要請から生まれたものでした。

あなたの「運命のワイン」との出会い方

料理とワインの間に、マッチングの良し悪しがあるように、人とワインの間にも「相性」の良し悪しがあります。ワイン選びには、良いワインを探すことと同時に、自分の味覚や好みに合うワイン、自分の「お気に入りのワイン」というのを見つけるのが大事です。それは、どうしたら見つかるのでしょうか。

日本の方と話していると「イタリアワインは難しい。複雑で、覚えなくてはいけない産地やぶどう、ワインの種類が多すぎて、手に負えない。だから、何を買ったらいいのかわからない」とこぼす人が、非常に多いです。よくわかります。イタリアのワインに興味があって、大好きで、本格的に知識を得たい、という気持ちが強い人ほど、そのあまりの多様性と奥の深さに直面して、とまどってしまうのでしょう。

でも、イタリアワインを覚えたいのになかなかうまくいかない、せっかく勉強してもすぐに忘れてしまう、というあなた、安心してください。それは何も、あなたの頭が悪いからでも、努力が足りないからでもありません。これだけ多様で複雑なイタリアワインを「覚えよう」ということ自体に、無理があるだけです。ワインのプロを目指している、ということであれば、話はまた別ですが、一般のイタリアワイン・ファンならば、そんなにたくさんの知識を、いきなり頭に入れる必要などないのです。それなのに、イタリアワインの事を知ろうと思うと、ガイドブックなどをがっちりと読み込んで、知識を先に詰め込もうとする人が多いようです。これが、間違いなのです。

そもそも、ガイド本などに載っているイタリアワインのほとんどは、あなたが飲んだことのないものだと思います。どんな味なのかも、自分の好みに合うかどうかも、こうしたワイン本に書いてある説明では、本当のところはわかりません。そんな、自分とは縁遠いワインに関する様々な「データ」をまず頭で覚え、その中から自分の好みのワインを探そうという手順自体に、初めから無理があるのです。飲むより先に「読んで」みても、ワインに近づくことはできません。かといって、本に載っているものをとりあえず端から順番に飲んでいく、などというのはさらに暴挙です。まじめで熱心な人ほどこうした間違いにはまり、途中で挫折して、結局イタリアワインに近づけないのかもしれません。

要するに皆さん、間口の広いところから入ろうとするから、難しいのです。イタリアワイン入門の秘訣は、まず、一点突破。ごく狭いところから入りましょう。何かひとつ、あなたのお気に入りのワインかぶどうの種類を見つけて、それを実際に自分の舌で味わいながら、少しずつ深く掘り下げるのです。徐々に間口を広げて行くのは、その後です。百種類のワインを頭で知っているより、ひとつのワインを本当に「舌で理解」していることの方が、ずっとワインの本質に近づいたことになるのですから。

そもそもワインは「知る」ものでも「覚える」ものでもなく、飲んで「愛する」ものだと、私は思っています。でもあなたとワインの関係が一種の恋愛だとすれば、まずは「出会い」がなければ始まりません。あなたの「愛すべき」ワインに出会うためには、いったいどうすれば良いのでしょうか。結論を言ってしまえば、これがベスト、という方法はありません。恋人との出会い方に様々なケースがあるように、ワインとの出会い方についても、人それぞれなのは当然です。それこそ、レストランで同席した人が偶然オーダーしたワインが「運命の出会い」になることだってあり得るのです。

この本の最後には、百本のイタリアワインのリストがあります。もともと私のアイディアではなく、編集の方の「それでもやはり、何かよりどころになるものが欲しい」というリクエストにお応えして作ったものです。これは、百本の「絶対優良なワイン」を集めたリスト、ということではありません。あくまでも私の目から見て「誠実に」そして「良心的に」造られている、と思われるイタリアワインで、値段と味のバランスが納得できると思ったものを選びました。この本を読んでいる皆さんのお口に合うことを希望してはいますが「保証」はできません。理由は……ここまでさんざんお話しして来たので、おわかりですよね！　まあ、イタリアワインが飲みたくなった、というときの「初めの手がかり」になればと思います。

話をもとに戻しましょう。大事なのは、とにかく色々と飲んでみること、「出会いの機会」を多く作ることです。これも、良い恋愛をする秘訣と同じかもしれませんね。そして「これは！」というインスピレーションを得たワインやぶどうの種類を見つけたならば、心を込めて「アタック」してみてください。

ここであなたの「運命のワイン」との出会いを、恋人になる人と出会うときの状況と比べて、イメージしてみてください。なぜなら、それはとてもよく似ているからです。

そのワインは、過去にあなたが飲んできたワインとすべてが、どこか違っているように思えるかもしれません。香り……色……繊細さ、あるいは力強さ……個性……そしてそこから感じる、何か熱いもの……そうしたものに魅せられて、一目惚れ（一口惚れ？）してしまうことは、よくあることです。

反対に、友達から始まって、長い時間をかけて育まれる恋があるように、時間をかけて何度も飲んで行くうちに、次第にそのワインの魅力に捉えられることもあります。

いずれにしても、魅力的なワインに出会ったときには、そのチャンスを逃してはいけません。どうしたら良いか。まずはそのエティケッタを見て、ワインの種類、商標、生産者、ぶどうの収穫年、それから「初めての出会い」があった場所、即ちそれを飲んだレストランか、それを買った店の名前、そして、できれば一緒に食べた料理などをメモしておきます。メモしておく場所は、手帳の余白でも、そういったものがなければ、とりあえずコースターの裏でも、紙ナプキンでも、何でも構いません。

その後で時間が取れるときに、それを、あなたが作った「お気に入りワインノート」のようなものか、もしくは、タブレットやスマートフォンの中などに作った「ワインリスト」に書き込んでおきます。いずれにしても、あなたが使いやすく、あとで思い出のアルバムを開くように、楽しみながら見ることのできるものなら何でも良いです。そしてあなたの「ワインリスト」に、そのワインに関して、どんな風に気に入ったかという個人的なコメントを書いておけば、なお良いでしょう。

ここで面倒くさがっていてはいけませんよ。美味しいものを飲んだり食べたりしたければ、ある程度の几帳面さは必要です。こうしておけば、次にリストランテやワイン売り場に行ったときに、あなたの「恋人候補」のワインが何だったか、すぐに思い出せます。

このような手順を取れば、私たちの「恋人」の名前がソアーヴェであっても、アッリアニコであっても、ボナルダやランブルスコであっても、その恋人について、もっと良く知りたいと思って専門の本などを買ったとき、そこに書いてある他人の個人的な好みに左右され、流されてしまうという弊害が起こる可能性は、もはや少ないでしょう。

また、本などを見て詳しい知識を覚えるのも、ここまで来れば、もう苦痛ではありません。誰でも、興味のわかない人や物事について考えるのは面倒で、苦痛だったりしますが、好きな人や好きなことについては進んでチェックしたくなるし、スラスラ頭に入るでしょう？

その後は、「恋に落ちた」ワインもしくはぶどうについて、できれば生産者や生産地、ぶどうの収穫年（アンナータ）などを変えて飲んでみます。もし同じぶどうを使った、種類の違うワインがあったら、それを試してみるのも良いでしょう。そして、そのたびに、新しいデータや印象は、必ず自分の「ワインリスト」に書きつけておいてください。

さらに飲む回数が増え、付き合いが深まってくると、同じワインの中でも生産者や収穫年によって、確かな違いがあることに気付きます。そしてついには、特に惚れ込んだ生産者や、収穫年のものができます。ここまで来れば、あなたはそのワインを体で覚え、あなた自身のものにし、ワインを完全に「愛する」状態になったのです。

ところで、ワインは、人間の恋人のように嫉妬したりしません。二股三股のお付き合いも、むしろ大いに奨励されることです。ひとつのぶどう、ひとつのワインと、ある程度良い関係ができたら、もうあなたはワインとの「付き合い方」を体で覚えています。こうなったら、積極的に機会を作って、別のワインとの、新たな良い「恋愛」を始めるべきです。そして少しずつイタリアワインの森に分け入り、次第次第に、間口を広げて行くのです。

確かに、イタリアワインは種類がとても多いですが、実際は、赤用、白用、せいぜい四つか五つの代表的なぶどうを押さえておけば、たいていの場合、十分に対応できます。

無理して頭で覚えた知識や「うんちく」はすぐに消えてしまいがちですが、こうして「味覚と心で」覚えたワインの知識は、決して消えることがありません。百のワインを頭で知っているよりも、四つか五つのワインを感覚的に、体で覚えている方が、どれほど良いことかわからないのです。そうして、気が付けばあなたはもう、世の中によくいる「にせイタリアワイン・マニア」などではなく、成熟した、本物の「イタリアワイン呑み」への道を、確実に踏み出しているのです。

これこそがまさしく、イタリアワインと付き合う際の「奥義」です。

ファブリツィオのワイン日記⑫

一九九一年　八月二十八日
フリウリ=ヴェネツィアジュリア地方のグラード（注39）に近い小さな村にて

車のワイパーが、フロントガラスに叩きつける水の奔流を、十分に拭い去ることができないほどの激しい雨だった。大雨は、その直前まで、土と、松の木と、サルヴィアの花と、そして潮の香りに満たされていた大地を、突然に襲ったのだった。

つい先ほどまで空は青く澄んで、いまだ真夏の名残を留める、熱い日差しが照りつけていたというのに、見る見るうちに、黄色味がかった灰色の雲が空を覆い、湿気を含んだ風が吹いてきた。空はどんどん暗くなり、ついには、まるで夜のような黒々とした景色が、あたりを取り囲んでしまった。今はただ、遠くグラードの町があるあたりに、小さな灯りがいくつか見えるだけだ。

「何か食事ができる場所を探していたのに、よりによってこんな天気になっちまうなんて！全能の神ゼウスも、その兄弟の、海の神ポセイドンも、昼時まで待ってくれなかったっていうわけか。おまけに、どうやら道に迷ってしまったみたいだ。いったいここはどこだ？　ちょっとアクイレイア（注40）まで行って、散歩して来ようと思っていたのに……」

しかし、ゼウスとポセイドンは、どうやら僕の言葉を聞いていてくれていたようだった。激しく雨滴の流れ落ちるフロントガラス越しに、今やほとんど川のようになってしまった道の向こうを透かして見ると、手書きと思われる、小さな看板が立っているのが何とか見えた。

『フラッシエ』（注41）と書かれた看板には、ぶどうの房のイラストが添えられていた。

「まあ、仕方がない。よくわからないが、ここへ行ってみるか」

僕は車を右折させ、本道から、舗装もされていない、砂まじりの小さな小道へと乗り入れた。小道はまるでラクダの背のように、ゆるやかに、上ったり下ったりを繰り返し、蛇のように、右へ左へと曲がりくねりながら続いていた。大雨で前を見るのがやっとの中、そろそろと車を前に進める。道の両側には、濃緑色の、海岸に生える野生の植物が、生垣のように生い茂り、強風にあおられて激しく波打っていた。

百メートル、三百メートル……いったいどこまで続くんだ？　永遠にも思える数分間の後、雨のカーテンの向こうにぼんやりと、バラックのような、あばら家のような建物が見えてきた。

「こいつが『フラッシエ』か……まあ良いだろう……でも『フラッシエ』って、いったい何のことだ？」

これが入り口だろう、と思われる場所の、なるべく近くに車を停めたつもりだったが、車のドアを開けた途端、強烈な雨と風に叩きつけられて、入り口まで走って行く間に、頭からつま先まで、すっかりびしょ濡れになってしまった。

木製のドアを押し開けて中に飛び込むと、そこにはテーブルクロスも掛けていない、古びた木の食卓と椅子がいくつか並んでいた。椅子の一つに腰かけて、半リットル入りの、ワインのカラッファを手に持った老人が、ちょっと頭を動かしただけで、挨拶を送ってよこした。

建物は木造で、部屋は一つしかなく、その三方に窓があった。窓ガラスは白く曇っていて、まるで建物全体が、白い雲の中に浮かんでいるような、不思議な雰囲気だった。

「あの……すみません。何か食べるものはありますか？」

店の奥に向かって恐る恐る声を掛けると、カウンターの後ろにあるドアが開いて、とても背が高く、しかもでっぷりと太った、赤い髪の大男がのっそり出て来た。どうやらこの男が店主らしい。大男が言った。

「サン・ダニエーレ(注42)の生ハムならあるよ。それから、フォルマッジョ・ディ・マルガ(注43)と……もし欲しければ、温かい料理もできる。ミネストラとか、魚のリゾットとか」

ちょっとぶっきらぼうな店主の話し方には、強いフリウリ地方のなまりがあった。

「ああ、そう、そうですね。魚のリゾットはうまそうだ。それからその前に、生ハムもいただければ……ありがとう」

それを聞いた店主は、黙って僕を、じっと見つめた。まるで、何かを待っているみたいに。

なぜだかわからずに戸惑っていると、ついに彼が口を開いた。

「で、ワインは？　自家製の白でいいかい？」

「ああ、そう。すみません！　なんて間抜けなんだろうな。もちろん、その白……自家製の、フリウリの白を一本下さい！」

――それから起きたことを、僕はどう説明したら良いのだろう。そこでの出来事のすべてを、今、正確に覚えているわけではない。僕の心に残っているのは、ただ、僕の人生の中に、突然何か特別な、素晴らしいものが入り込んできた、その感覚だけだ。

その「素晴らしいもの」は、春の花のような、僕らの住んでいる美しいパダノ・ヴェネタ平野の田舎で採れる、真夏の果実のような香りがした。その色は、濃い黄金色で、その昔、ヴェネツィア人たちが、「ラマート」（銅の色）と呼んでいた、何とも言えない美しいものだった。

そして僕はそれが、どこからやって来たものかすぐに理解できた。

その尋常ならざる美しい液体は、何百万年か前には海だった、砂岩まじりの泥灰土の上に、イゾンツォ川が運んで来た土、そしてさらに遠く、ここから六百五十キロ以上の彼方にある、イタリア北西部、アオスタ地方のアルプス山中から、大河・ポー川が、ロンバルディア、ヴェネトの地を経て、はるばる運んで来た土砂が重なって出来た土地から生まれたものだ。

いずれにしても、このあたり、つまりイタリアの、オーストリア、スロヴェニアとの国境に近接する地域が「世界最高の白ワイン」を産み出す土地のひとつであるのは、間違いない。

「どうだね？」という、店主のバリトンの声で、僕は、長い長い夢のような時間から、突然、現実に引き戻された。

「うちのワインは、うまかったかね？」

もう一度訊ねてきた店主の問いに、僕は勢い込んで答えた。

「うまかったかって？　それはもう、信じられないくらい美味しかったです！　すっかり……そう、すっかり恋に落ちてしまいました！」

このときようやく、僕は目の前のテーブルの上に、最高にうまそうな魚のリゾットが載っているのに気が付いた。

無口で大男の店主は、いかつい顔に似合わない、人懐こい笑みを浮かべ、軽くウインクすると、カウンターの向こうにある扉の奥に消えた。

窓の外を見ると、既に嵐は過ぎ去って、ここがほとんど海岸に面しているのがわかった。ところどころ雲の切れ端が残る空から、金色の日差しが降り注ぎ、店の前の小道の突き当たりには、砂浜の向こうに、紺碧のアドリア海がひろがっていた。

僕はまたグラスを傾けて、ひと口の「ピノ・グリージョ・ラマート」を、口に含んだ。限りなく優しくて、少し酸味のあるその液体を、ゆっくりと味わってから、喉の奥へと流し込む。

その味わいは、きっとこのワインを造った人の、心に似ているのだろう。「今日のこの瞬間を、僕は、一生忘れない」そう、素直に思えた。

《注釈》

(注39) フリウリ=ヴェネツィアジュリア州のゴリツィア県にある、アドリア海に面した人口約八千六百人ほどの小さな町。

(注40) イタリア北東部、フリウリ=ヴェネツィアジュリア州にある小都市。古代ローマ時代に築かれた都市遺跡が有名。建設当時の古代アクイレイアの市街は海岸沿いに作られていたが、現在は海岸線が移動し、アドリア海から五キロほど内陸に位置している。

(注41) フラッシエ(frascye)は、フリウリ方言で居酒屋のこと。民間伝承によるとその起源は十八世紀後半、この地方をオーストリアのハプスブルク家が統治していた時代、有名な女帝・マリア・テレジアがサインした勅令によって、農民に、この地方を旅する人々に対して、地元のワインや料理を出す認可が与えられたことにさかのぼるという。

(注42) フリウリ地方にある、人口八千人ほどの村。ここで作られる生ハムは、非常に上質なことで知られる。生ハムと言えば、エミリア=ロマーニャ州の、パルマ周辺で産するものが、世界的に名を知られているが、サン・ダニエーレ産のものはさらに高価で、品質も別格とされる。

(注43) 山の牧場から直接仕入れてきた、新鮮なチーズのこと。

エピローグ　ファブリツィオのワイン日記・日本の皆さんへ

二〇一三年　八月十四日　東京　中野にて

今日、僕が愛用するバイクに乗って中野駅の近くを走っているとき、突然、一群の桃の木を見つけた。東京によくある、ごく普通のオフィスビルの真ん前だった。

何十個もの桃が歩道の上に落ちていて、そのほとんどが、踏みつぶされているか、カラスに食べられてしまっていた。僕はバイクから降りて、信じられない思いで、その光景を眺めた。――東京の街中に、こんな桃畑があるなんて……。しかも、こんなにもいっぱいの桃の実を、誰も収穫しないなんて。なんてもったいないんだろう！

僕は、木から落ちてもまだ傷んでいない実を選んで、拾い始めた。やってみると結構大変な作業だった。すると、それまで道の向かい側の歩道を掃除していたビルの管理人さんが近づいてきて、僕が桃を拾い集めるのを手伝ってくれた。そして、そのおいしそうな桃の実を、僕のバッグにそっと入れてくれた。

「ありがとうございます。ご親切に、ありがとうございます」

僕は親切なその人に、何度もお礼を言ってから、バイクに乗って新宿に向かった。

その晩、集めて来た桃の実を使って、自分で桃のジャムを作った。それは、これまでぼくが食べたあらゆるジャムの中で、一番おいしかったもののひとつだった。だからぼくは冗談で、そのジャムのびんに、こう書いた。

「中野特産品　桃のジャム　D.O.P.」(注44)

この出来事は、僕の心の中に、あるひとつの「思い」を生じさせた。

「日本は、地形も地質も、そして天候の面から見ても、とても多様性に富んだ国だ。それなのに、どうしてもっと良いワインがたくさん造られるようにならないんだろう？　外国のワインをただ真似するだけでなく、ワインの古い伝統を持った国の経験から学びつつ、独自の工夫を加えた本当に良いワインが、なぜもっとできないんだろう？」

今、本当の意味で『日本産』と言えるワインのうち、まずまずの出来と言えるものは、値段が信じられないくらい高い。また、本当に日本らしいオリジナリティーのあるワインで、品質が高く、かつ適正な価格のものは、とても少ない。そうして、残念なことに、大部分の日本の『国産ワイン』は、今のところ、悲しいくらい「工業製品的な」ものだ。

聞くところによると、日本で一番ワインの生産量が多い県は、神奈川県なんだそうだ。神奈川では、ぶどうはほとんど栽培されていない。では、なぜ神奈川がワイン生産量一位なのか。外国から船に乗せて、安く輸入したぶどう果汁などが横浜港に陸揚げされ、その近くの工場で、日本で造られた少量の安いワインと混ぜられて、『国産ワイン』と称して売られているものが、非常に多いからなんだそうだ。日本にも、イタリアの「D.O.C.」のような、ワインの原産地を保証する法律が、もう必要になっているのだと思う。

もちろん、ワイン造りは「桃のジャム」を作るよりは、複雑で、容易ではない仕事だ。でも僕の考えでは、その気になれば日本は、チリや、南アフリカや、オーストラリアやニュージーランド、そしてアメリカなどの、ワインの歴史が新しい他の生産国よりも、確実に良いワインを造れる可能性を持っている。

そう思う理由は、地質や気候の問題だけではない。日本人は一般的に、酒や食べ物に関して、非常に洗練された味覚と趣味を持っているからだ。必要なのは、勇気と、最高のワインを造りたいという、いま少しの「意欲」だけだと思う。

だから僕は今、本当に美味しくて、リーズナブルな価格の『日本ワイン』をゆっくり味わうことができる日を、待ち焦がれている。イタリアや、フランスでのように。

出典は忘れてしまったけれど、レオナルド・ダ・ヴィンチが、確かこんな言葉を残しているのを読んだことがある。

「人間にとっての大きな幸福とは、美味いワインがある所に生まれることではないだろうか」

僕も、本当にそう思う。

日本が、ワイン造りでも世界から尊敬される国になって、本当に美味しい『日本ワイン』を――そして願わくば今よりもっと美味しい『イタリアワイン』も――飲むことができるようになる日が、きっと来ると信じている。

皆さんの未来に、乾杯！

ファブリツィオ・グラッセッリ

《注釈》

（注44）イタリアで施行されている、農畜産物の「保護指定原産地表示」のこと。たとえば「パルマ産生ハム」のように、国内の、ある一定の地域、および生産者によって作られた産物を、法的に保護するために作られた。

日本人が飲むべきイタリアワイン100

まず最初に知っておいていただきたいのは、このリストは、あくまでも「日本人の皆さんに飲んでいただきたい」イタリアワインのうちで、日本に輸入されているものを100本選んだものであって「美味しいイタリアワイン・ベスト100」といったようなものではない、ということです。

皆さんが自分の「小さなワイン倉」を作る際の助けとなる、参考リストになればと思って作ってみました。

ただし、ここには細かい収穫年までは書いてありません。ワインは収穫年によって内容が変わるものである、ということを頭に入れた上で、買う際の参考にして下さい。

また、価格は、その販売店によって大幅に上下する、ということをご承知下さい。さらに為替相場など、様々な要因で、価格はひんぱんに変更されます。そしてレストランなどで注文する時には、この価格帯よりもさらに高価になるということも知っておいていただきたいと思います。なお、それぞれの表示の1行目は、生産者の名前、2行目が、ワインの名前です。

《カテゴリー1》2,000円までのイタリアワイン

1. ディ・カミッロ
トレッビアーノ・ダブルッツォ DOC（白）
Di Camillo
Trebbiano d'Abruzzo DOC

2. ピッコ・ドゥンブリア
ルペストロ・ウンブリア IGT（赤）
Picco d'Umbria
Rupestro Umbria IGT

9. ポッジョ・アル・ルーポ
モレッリーノ・ディ・スカンサーノ DOC（赤）
Poggio al Lupo
Morellino di Scansano DOC

10. セッテ・ポンティ
ヴィーニャ・ディ・パッリーノ・キャンティ DOCG（赤）
Sette Ponti
Vigna di Pallino Chianti DOCG

11. モンテローリ
ローザ・デイ・ヴェンティ・マルケ IGT（赤）
Montellori
Rosa dei Venti Marche IGT

12. ルイージ・リゲッティ
カンポリエーティ・ヴァルポリチェッラ・リパッソ DOC（赤）
Luigi Righetti
Campolieti Valpolicella Ripasso DOC

13. モンカーロ
ロッソ・ピチェーノ DOC（赤）
Moncaro
Rosso Piceno DOC

14. モンカーロ
チメーリオ・ロッソ・コーネロ・リゼルヴァ DOCG（赤）
Moncaro
Cimerio Rosso Conero Riserva DOCG

3. ニーノ・フランコ
フラテール・ロッソ・ヴェネトIGT（赤）
Nino Franco
Frater Rosso IGT Veneto

4. アポッローニオ・カーサ・ヴィニコラ
コンパーニャ・ヴィニャイオーリ・サレントIGT（赤）
Apollonio Casa Vinicola
Compagnia Vignaioli IGT Salento

5. コルデロ・ディ・モンテゼーモロ
ドルチェット・ダルバDOC（赤）
Cordero di Montezemolo
Dolcetto d'Alba DOC

6. マルケージ・インチーザ・デッラ・ロッケッタ
グリニョリーノ・ダスティDOC（赤）
Marchesi Incisa della Rocchetta
Grignolino d'Asti DOC

7. カヴィッキオーリ
ランブルスコ・ロッソ・ソルバーラ・セッコDOC（赤・微発泡）
Cavicchioli
Lambrusco Rosso Sorbara Secco DOC

8. カヴィッキオーリ
ランブルスコ・ロッソ・コルサッソーゾDOC（赤・微発泡）
Cavicchioli
Lambrusco Rosso Colsassoso DOC

21.カーヴェ・デゾンズ・コムーヌ
ピノ・ノワール・ヴァッレ・ダオスタ DOC（赤）
Cave des Onze Communes
Pinot Noir Valle d'Aosta DOC

22.カンティーナ・ヴァルティドーネ
ヴィオレット・ボナルダ・ドルチェ・フリッザンテ DOC（赤・発泡）
Cantina Valtidone
Violetto Bonarda Dolce Frizzante DOC

23.ニーノ・フランコ
フラテール・ビアンコ IGT ヴェネト（白）
Nino Franco
Frater Bianco IGT Veneto

24.レ・コンテッセ
ヴェルドゥッツォ・フリッザンテ IGT マルカ・トレヴィジャーナ（白・発泡）
Le Contesse
Verduzzo Frizzante IGT Marca Trevigiana

25.アズィエンダ・ヴィニコラ・チンチンナート
カストーレ・ビアンコ・ラツィオ IGT（白）
Azienda vinicola Cincinnato
Castore Bianco Lazio IGT

26.アルナルド・カプラーイ
グレカンテ・グレケット DOC（白）
Arnaldo Caprai
Grecante Grechetto DOC

15.ボルゴ・ディ・コッロレード
サンジョヴェーゼ・モリーゼIGT（赤）
Borgo di Colloredo
Sangiovese Molise IGT

16.ペルヴィーニ
アルキダーモ・マンドゥリアDOC（赤）
Pervini
Archidamo Manduria DOC

17.ネイラーノ
ボニムール・ランゲ・ネッビオーロDOC（赤）
Neirano
Bonimúr Langhe Nebbiolo DOC

18.サラディーニ・ピラストリ
ロッソ・ピチェーノ・スーペリオーレDOC（赤）
Saladini Pilastri
Rosso Piceno Superiore DOC

19.ダル・フィウーメ
サンジョヴェーゼ・ルビコーネIGT（赤）
Dal Fiume
Sangiovese Rubicone IGT

20.ヴィッラ・ディ・クァルトゥ
アンモストゥス・モニカ・ディ・サルデーニャDOC（赤）
Villa di Quartu
Ammostus Monica di Sardegna DOC

33.カヴァルキーナ
クストーツァ DOC（白）
Cavalchina
Custoza DOC

34.ネイラーノ
モスカート・ダスティ DOCG（白・発泡・甘口）
Neirano
Moscato d'Asti DOCG

35.カヴィット
ピノ・グリージョ・マストリ・ヴェルナコリ・トレンティーノ DOC（白）
Cavit
Pinot Grigio Mastri Vernacoli Trentino DOC

《カテゴリー2》2,000円～5,000円までのイタリアワイン

1. アンツィヴィーノ・ヴィティコルトーリ・イン・ガッティナーラ
ガッティナーラ DOCG（赤）
Anzivino Viticoltori in Gattinara
Gattinara DOCG

2. アズィエンダ・アグリコラ・カーザヴェッキア
バルベーラ・ダルバ・サン・クィリコ DOC（赤）
Az. Agr. Casavecchia
Barbera d'Alba San Quirico DOC

27.ポデーレ・ヴァッリエ
オルヴィエートDOC（白）
Podere Vaglie
Orvieto DOC

28.ヴィニコラ・デル・サンニオ
ファランギーナ・カンパーニアIGT（白）
Vinicola del Sannio
Falanghina Campania IGT

29.ボルゴ・ディ・コッロレード
マルヴァジア・モリーゼIGT（白）
Borgo di Colloredo
Malvasia Molise IGT

30.ヴェセーヴォ
ベネヴェンターノ・ファランギーナDOC（白）
Vesevo
Beneventano Falanghina DOC

31.ザルデット
プロセッコ・エクストラ・ドライDOC（白・発泡）
Zardetto
Prosecco Extra Dry DOC

32.ロベルト・サロット
テヌータ・マネンティ・ガヴィ・ディ・ガヴィ・ブリック・サッシDOCG（白）
Roberto Sarotto
Tenuta Manenti Gavi di Gavi Bric Sassi DOCG

8. ポデーレ・サンタ・ルチア・ディ・ステファノ・バルドゥッチ&C
マルケ・ロザートIGT(ロゼ)
Podere Santa Lucia di Stefano Balducci&C
Marche Rosato IGT

9. ドゥーカ・ディ・カステルモンテ
ウリッセ・エトナ・ロッソDOC(赤)
Duca di Castelmonte
Ulysse Etna Rosso DOC

10.アッレグリーニ
ヴァルポリチェッラ・クラッシコDOC(赤)
Allegrini
Valpolicella Classico DOC

11.マルケージ・ディ・グレーズィ
バルベーラ・ダスティ DOCG(赤)
Marchesi di Gresy
Barbera d'Asti DOCG

12.マニンコール
カルテレゼー・クラッシコ・スーペリオーレDOC(赤)
Manincor
Kalteresee Classico Superiore DOC

13.シルヴィオ・ナルディ
ロッソ・ディ・モンタルチーノDOC(赤)
Silvio Nardi
Rosso di Montalcino DOC

3. カステッロ・ディ・ルッツァーノ
ボナルダ・カルリーノ・オルトレポー・パヴェーゼDOC（赤）
Castello di Luzzano
Bonarda Carlino Oltrepo Pavese DOC

4. バルジェーラ
ヴァルテッリーナ・スーペリオーレ・サッセッラ・リゼルヴァ DOCG（赤）
Balgera
Valtellina Superiore Sassella Riserva DOCG

5. テヌータ・アウレリア
コルテ・マルザーゴ・バルドリーノ・ラ・モラーラ DOC（赤）
Tenuta Aurelia
Corte Marzago Bardolino La Morara DOC

6. アズィエンダ・アグリコラ・ステファノ・フェルッチ・ヴィティコルトーリ
チェントゥリオーネ・サンジョヴェーゼ・ディ・ロマーニャ・スーペリオーレ DOC（赤）
Az. Agr. Stefano Ferrucci Viticoltori
Centurione Sangiovese di Romagna Superiore DOC

7. ポデーレ・サンタ・ルチア・ディ・ステファノ・バルドゥッチ＆C
ラクリマ・ディ・モーロ・ダルバ DOC（赤）
Podere Santa Lucia di Stefano Balducci＆C
Lacrima di Morro d'Alba DOC

20.エラルド・ヴィベルティ
ヴィーニャ・ヴァッリオ・ドルチェット・ダルバ DOC（赤）
Eraldo Viberti
Vigna Vaglio Dolcetto d'Alba DOC

21.ポデーリ・ルイージ・エイナウディ
ドルチェット・ドッリアーニ DOCG（赤）
Poderi Luigi Einaudi
Dolcetto Dogliani DOCG

22.ファットリア・モンド・アンティーコ
シーノド・ビオ・オルトレポー・パヴェーゼ・ロッソ・ムルティ・ウーヴェ DOC（赤）
Fattoria Mondo Antico
Sinodo bio Oltrepò Pavese Rosso Multi uve DOC

23.サンタ・ヴェーネレ
チロ・ロッソ・クラッシコ DOC（赤）
Santa Venere
Cirò Rosso Classico DOC

24.コルテフォルテ
ヴァルポリチェッラ・クラッシコ DOC（赤）
Corteforte
Valpolicella Classico DOC

25.アズィエンダ・アグリコラ・ヴェントゥリーニ・バルディーニ
マルヴァジア・セッカ・コッリ・スカンディアーノ DOC（白）
Az. Agr. Venturini Baldini
Malvasia Secca Colli Scandiano DOC

14.イル・モリーノ・ディ・グレース
キャンティ・クラッシコ DOCG（赤）
Il Molino di Grace
Chianti Classico DOCG

15.アンティーコ・コッレ
ヴィーノ・ノービレ・ディ・モンテプルチアーノ DOCG（赤）
Antico Colle
Vino Nobile di Montepulciano DOCG

16.テッレ・デル・バローロ
バルバレスコ DOCG（赤）
Terre del Barolo
Barbaresco DOCG

17.ルカ・フェラーリス
ルケ DOCG（赤）
Luca Ferraris
Ruché DOCG

18.ジュゼッペ・ガッバス
リッロヴェ・カンノーナウ・ディ・サルデーニャ DOC（赤）
Giuseppe Gabbas
Lillovè Cannonau di Sardegna DOC

19.カンティーナ・デル・グリチーネ
ラ・スコンソラータ・バルベーラ・ダルバ DOC（赤）
Cantina del Glicine
La Sconsolata Barbera d'Alba DOC

31.アッバーツィア・ディ・ノヴァチェッラ
ゲヴルツトラミネール・アルト・アディジェ・ヴァッレ・イザルコ DOC（白）
Abbazia di Novacella
Gewürtztraminer Alto Adige Valle Isarco DOC

32.カザルファルネート
フォンテヴェッキア・ヴェルディッキオ・デイ・カステッリ・ディ・イェーズィ・クラッシコ・スーペリオーレDOC（白）
Casalfarneto
Fontevecchia Verdicchio dei Castelli di Jesi Classico Superiore DOC

33.ヴァディアペルティ
グレコ・ディ・トゥーフォ DOCG（白）
Vadiaperti
Greco di Tufo DOCG

34.スキオペット
コッリオ・フリウラーノ DOC（白）
Schiopetto
Collio Friulano DOC

35.トレ・モンティ
セッコ・ヴィーニャ・ロッカ・アルバーナ・ディ・ロマーニャ DOCG（白）
Tre Monti
Secco Vigna Rocca Albana di Romagna DOCG

26.テッサーリ
レ・ビーネ・ロンゲ・ディ・コスタルタ・ソアーヴェ・クラッシコ DOC（白）

Tessari
Le Bine Longhe di Costalta Soave Classico DOC

27.テッサーリ
ガルガーネガ・ブルット（白・発泡）

Tessari
Garganega Brut

28.ヴァンズィーニ
ピノ・ネーロ・スプマンテ・エクストラ・ドライ・パヴィア IGT（白・発泡）

Vanzini
Pinot Nero Spumante Extra Dry Pavia IGT

29.ラ・トルデーラ
ブルネイ・ブルット・ヴァルドッビアーデネ・プロセッコ・スーペリオーレ DOCG（白・発泡）

La Tordera
Brunei Brut Valdobbiadene Prosecco Superiore DOCG

30.ザノテッリ
マンゾーニ・ビアンコ・ヴィニェーティ・デッレ・ドロミーティ IGT（白）

Zanotelli
Manzoni Bianco Vigneti delle Dolomiti IGT

6. ヒルベルグ・パスクエーロ
ランゲ・ネッビオーロ DOC（赤）
Hilberg Pasquero
Langhe Nebbiolo DOC

7. スキアヴェンツァ
バローロ・ヴィニェート・ブロッリオ DOCG（赤）
Schiavenza
Barolo Vigneto Broglio DOCG

8. ピアン・デッロリーノ
ロッソ・ディ・モンタルチーノ DOC（赤）
Pian dell'Orino
Rosso di Montalcino DOC

9. テヌータ・デットーリ
デットーリ・カンノーナウ IGT ロマンジャ（赤）
Tenuta Dettori
Dettori Cannonau IGT Romangia

10.カパンナ
ブルネッロ・ディ・モンタルチーノ DOCG（赤）
Capanna
Brunello di Montalcino DOCG

11.テヌータ・J・ホフシュテッター
シュタインラッフラー・ラグライン DOC（赤）
Tenuta J. Hofstätter
Steinraffler Lagrein DOC

《カテゴリー3》5,000円〜10,000円までのイタリアワイン

1. ファットーリア・ディ・ペトロイオ・
カステルヌオーヴォ・ベラルデンガ
キャンティ・クラッシコ・リゼルヴァ DOCG（赤）
Fattoria di Petroio Castelnuovo Berardenga
Chianti Classico Riserva DOCG

2. ロヴェッロッティ・ヴィティコルトーリ・イン・ゲンメ
ゲンメ・リゼルヴァ DOCG（赤）
Rovellotti Viticoltori in Ghemme
Ghemme Riserva DOCG

3. イェルマン
ピニャコルッセ（赤）
Jermann
Pignacolusse

4. カ・ルガーテ
アマローネ・デッラ・ヴァルポリチェッラ DOC（赤）
Ca'Rugate
Amarone della Valpolicella DOC

5. ヴィッラ・ブッチ
ロッソ・ピチェーノ DOC（赤）
Villa Bucci
Rosso Piceno DOC

18.オッタヴィアーノ・ランブルスキ
コッリ・ディ・ルーニ・ヴェルメンティーノ・コスタ・マリーナDOC(白)
Ottaviano Lambruschi
Colli di Luni Vermentino Costa Marina DOC

19.マリーサ・クオモ
コスタ・ダマルフィ・フローレ・ビアンコ・フィオールドゥーヴァDOC(白)
Marisa Cuomo
Costa d'Amalfi Furore Bianco Fiorduva DOC

20.ゼナート
ルガーナ DOC(白)
Zenato
Lugana DOC

《カテゴリー4》10,000円以上のイタリアワイン

1. エリオ・グラッソ
バローロ・ガヴァリーニ・キニエーラ DOCG(赤)
Elio Grasso
Barolo Gavarini Chiniera DOCG

2. ジャコモ・コンテルノ
バローロ・リゼルヴァ・モンフォルティーノ DOCG(赤)
Giacomo Conterno
Barolo Riserva Monfortino DOCG

12.スッラーリ
フランチャコルタ・ブラン・ドゥ・ノワール・エクストラ・ブルットDOCG（白・発泡）
Sullali
Franciacorta Blanc de Noir Extra Brut DOCG

13.イェルマン
ヴィンタージュ・トゥニーナ（白）
Jermann
Vintage Tunina

14.ベッラヴィスタ
フランチャコルタ・クヴェー・ブルットDOCG・メトド・クラッシコ（白・発泡）
Bellavista
Franciacorta Cuvée Brut DOCG Metodo Classico

15.リヴィオ・フェッルーガ
フリウラーノ・フリウリ・コッリ・オリエンターリDOC（白）
Livio Felluga
Friulano Friuli Colli Orientali DOC

16.ダミヤン・ポドヴェルシッチ
ビアンコ・カプリア・ヴェネツィア・ジュリアIGT（白）
Damijan Podversic
Bianco Kaplja Venezia Giulia IGT

17.カンテ
マルヴァジア・ヴェネツィア・ジュリアIGT（白）
Kante
Malvasia Venezia Giulia IGT

9. アズィエンダ・アグリコラ・エミディオ・ペペ
トレッビアーノ・ダブルッツォ DOC（白）

Az. Agr. Emidio Pepe
Trebbiano d'Abruzzo DOC

10. ジュリオ・フェラーリ
リゼルヴァ・デル・フォンダトーレ・ブルット・トレント DOC（白・発泡）

Giulio Ferrari
Riserva del Fondatore Brut Trento DOC

★取材協力スペシャルサンクス★

取材にご協力いただいた、次の方たちにお礼申し上げます。

野一色真琴さん
武部香子さん
(Wine Wave Inc.)
Susanna Di Marziさん
亀倉慎一さん
(Vintners Inc.)

3. アズィエンダ・アグリコラ・エミディオ・ペペ
モンテプルチアーノ・ダブルッツォ DOC（赤）
Az. Agr. Emidio Pepe
Montepulciano d'Abruzzo DOC

4. ガヤ
スペルス・ランゲ・ネッビオーロ DOC（赤）
Gaja
Sperss Langhe Nebbiolo DOC

5. エルブホフ・ウンテルガンツナー
アルト・アディジェ・カベルネ・リゼルヴァ・スッドティロラー DOC（赤）
Erbhof Unterganzner
Alto Adige Cabernet Riserva Sudtiroler DOC

6. アズィエンダ・アグリコラ・ファッレット・ディ・ブルーノ・ジアコーザ
バルバレスコ・アズィーリ DOCG（赤）
Az. Agr. Falletto di Bruno Giacosa
Barbaresco Asili DOCG

7. ソンヴィーコ
モンフェラート DOC（赤）
Sonvico
Monferrato DOC

8. ガヤ
ソリ・ティルディン・ランゲ DOC（赤）
Gaja
Sorì Tildìn Langhe DOC

本書は、『アモーレ・ディ・ヴィーノ——イタリアワインの愛し方』
（ファブリツィオ・グラッセッリ著・水沢透訳、トラベルジャーナル、２００１年）
をもとに大幅改稿しています。

ファブリツィオ・グラッセッリ
1955年、イタリア・ミラノに近いクレモーナに生まれる。ミラノ工科大学を卒業後、建築家として数カ国で活躍し、その後日本に魅せられ、永住を決意。東京に住んで20年余り。イタリアの芸術、文化、語学を教える正式の免許を持ち、こちらをもう一つのライフワークとしている。現在はイタリアで最も古い伝統と権威を持つ文化団体「ダンテ・アリギエーリ協会」東京支部の会長を務め、同団体が設立したイタリア語学校「イル・チェントロ」校長でもある。また、慶應義塾大学で教鞭を執った経験もある。著書に『イタリア人と日本人、どっちがバカ？』ほか。「ダンテ・アリギエーリ協会――イル・チェントロ」ウェブサイト　www.il-centro.net/

執筆協力　**水沢 透**（みずさわ とおる）
1963年、東京生まれ。出版社で女性雑誌の編集者として9年間勤務の後、フリーの文筆家に。イタリアの文化と生活、人間に魅かれて、95～96年に、シエナ、フィレンツェ、ミラノに留学。主な著書に『マエストロになりたい』（東京書籍）、『まだ見ぬイタリアを探して』（日本放送出版協会）など。訳書に『アモーレ・ディ・ヴィーノ』（トラベルジャーナル）、執筆協力に『イタリア人と日本人、どっちがバカ？』がある。

文春新書

944

イタリアワイン㊙《まるひ》ファイル
日本人が飲むべき100本

2013年（平成25年）11月20日　第1刷発行

著　者　ファブリツィオ・グラッセッリ
発行者　飯窪成幸
発行所　株式会社 文藝春秋

〒102-8008　東京都千代田区紀尾井町3-23
電話（03）3265-1211（代表）

印刷所　理想社
付物印刷　大日本印刷
製本所　大口製本

定価はカバーに表示してあります。
万一、落丁・乱丁の場合は小社製作部宛お送り下さい。
送料小社負担でお取替え致します。

ISBN978-4-16-660944-4

◆文学・ことば

ドストエフスキー　亀山郁夫
ひとすじの蛍火　吉田松陰　人とことば　関　厚夫
松本清張の残像　藤井康栄
松本清張への召集令状　森　史朗
松本清張の「遺言」　原　武史
藤沢周平　残日録　阿部達二
司馬遼太郎という人　和田　宏
三島由紀夫の二・二六事件　松本健一
回想　回転扉の三島由紀夫　堂本正樹
六十一歳の大学生、父　野口冨士男の遺した一万枚の日記に挑む　平井一麥
追憶の作家たち　宮田毬栄
それぞれの芥川賞　直木賞　豊田健次
文豪の古典力　島内景二
中島敦「山月記伝説」の真実　島内景二

＊

短歌博物誌　樋口　覚

「古事記」の真実　長部日出雄
源氏物語とその作者たち　西村　亨
江戸川柳で読む忠臣蔵　阿部達二
とっておきの東京ことば　京須偕充
すごい言葉　晴山陽一
日本人の遺訓　桶谷秀昭
漢字の相談室　阿辻哲次
舊漢字　萩野貞樹
漢字と日本人　高島俊男
座右の名文　高島俊男
大人のジョーク　馬場　実
日本語と韓国語　大野敏明
蓮池流韓国語入門　蓮池　薫
あえて英語公用語論　船橋洋一
翻訳夜話　村上春樹　柴田元幸
翻訳夜話2　サリンジャー戦記　村上春樹　柴田元幸
記憶の「9マス英単語」　晴山陽一
語源でわかった！　英単語記憶術　山並陞一
語源の音で聴きとる！　英語リスニング　山並陞一
外交官の「うな重方式」英語勉強法　多賀敏行
日本語の21世紀のために　丸谷才一　山崎正和
英語の壁　マーク・ピーターセン
危うし！小学校英語　鳥飼玖美子

＊

あの頃、あの詩を　鹿島　茂編
俳句鑑賞450番勝負　中村　裕
行蔵は我にあり　出久根達郎
恋の手紙　愛の手紙　半藤一利
「書く」ということ　石川九楊
桜の文学史　小川和佑
おくのほそ道　人物紀行　杉本苑子
おせい&カモカの昭和愛惜　田辺聖子
書評家〈狐〉の読書遺産　山村　修
随筆　本が崩れる　草森紳一
不許可写真　草森紳一
人声天語　坪内祐三

名文どろぼう　竹内政明
名セリフどろぼう　竹内政明
弔辞 劇的な人生を送る言葉　文藝春秋編
漢詩と人生　石川忠久
イエスの言葉 ケセン語訳　山浦玄嗣
易経入門　氷見野良三
五感で読む漢字　張 莉

◆食の愉しみ

フランスワイン 愉しいライバル物語　山本 博
中国茶図鑑［カラー新書］　工藤佳治 俞 向紅 写真・丸山洋平
チーズ図鑑［カラー新書］　文藝春秋編
ビール大全　渡辺 純
発酵食品礼讃　小泉武夫
牡蠣《かき》礼讃　畠山重篤
鮨屋の人間力　中澤圭二
すきやばし次郎 鮨を語る　宇佐美 伸
毒草を食べてみた　植松 黎
実践 料理のへそ！　小林カツ代
一杯の紅茶の世界史　磯淵 猛
歴史のかげにグルメあり　黒岩比佐子
世界奇食大全　杉岡幸徳
辰巳芳子 スープの手ほどき 和の部　辰巳芳子
辰巳芳子 スープの手ほどき 洋の部　辰巳芳子

(2012. 11) E

文春新書好評既刊

ファブリツィオ・グラッセッリ
イタリア人と日本人、どっちがバカ？

敗戦からの奇跡的な復興、近年の政治・経済の劣化、債務危機……。多くの共通点を持つ両国を在日歴二十年以上の筆者が徹底比較する

876

小泉武夫
発酵食品礼讃

バター、チーズ、納豆、鰹節から火腿、野鳥の塩辛、珍酒まで。世界各地で伝承されてきた食生活にひそむ「発酵」というステキな智慧

076

渡辺　純
ビール大全

ドイツ、ベルギー、英国といった本場から北米、南米、アフリカ、アジアまで、原料も醸造法も味わい方も多彩な極上銘柄を詳細解説

183

宇佐美　伸
すきやばし次郎　鮨を語る

大正生まれながら「今が一番鮨を握る数が多い」小野二郎の語る言葉には、鮨、職人、時代、そして日本についての箴言があふれている

722

矢島裕紀彦
ウイスキー粋人列伝

秋山好古、江戸川乱歩から白洲次郎、黒澤明、池波正太郎、リリー・フランキー、村治佳織まで。古今九十人のお酒にまつわる逸話満載

918